曾志敏

著

理解中國模式

回溯與展望

U0132387

商務印書館

責任編輯：楊賀其

排　　版：周　榮

印　　務：龐寶祺

理解中國模式 —— 回溯與展望

作　　者：曾志敏

出　　版：商務印書館 (香港) 有限公司

　　　　　香港筲箕灣耀興道 3 號東滙廣場 8 樓

　　　　　http://www.commercialpress.com.hk

發　　行：香港聯合書刊物流有限公司

　　　　　香港新界荃灣德士古道 220-248 號荃灣工業中心 16 樓

印　　刷：嘉昱有限公司

　　　　　香港九龍新蒲崗大有街 26-28 號天虹大廈 7 字樓

版　　次：2023 年 11 月第 1 版第 1 次印刷

　　　　　© 2023 商務印書館 (香港) 有限公司

　　　　　ISBN 978 962 07 6712 8

　　　　　Printed in Hong Kong

目　錄

第五章　中國模式的世界性意義及其前景

序言

　　中國模式是一個重大命題，它關乎中國，也關乎世界。自1949 年中華人民共和國成立以來，中國的現代化發展取得了巨大的歷史性成就，中國作為最大的發展中國家和最大的社會主義國家，走出了一條具有中國特色的社會主義現代化發展道路。「中國式現代化新道路」為世界現代化發展道路的多樣性作出貢獻，也為世界各國尤其是發展中國家提供了可借鑒的經驗。中國已經取得了巨大的成功，這是事實，這是結果，如果其中原因可以概括為「中國模式」，那麼它應該在堅持和完善中去繼續造福中國、影響世界，尤其是當中國開啟全面建設社會主義現代化國家新征程、世界正經歷百年未有之大變局，以及人類命運共同體理念深入人心的大時代之下，中國模式不應該被認為是將之前中國成功的種種原因打包並簡而概之。毫無疑問，這個命題愈加重大、愈加嚴肅、也愈加迫切。

　　中國模式是一個複雜的命題，凡是能夠說清楚的，都要努力去說清楚，盡力去講明白，這是中國學術界對當代中國所負有的使命和責任。這個命題的研究是遠遠不夠的，任何依賴或搬用西方概念和理論來對「中國模式」進行「依葫蘆畫瓢」的方法論，最終都會被證明是在不斷曲解「中國模式」本身。國內外學界圍繞中國模式的內涵、特徵、本質、意義及其影響有着廣泛討論，但中國模式研究的系統化，目前在學術上還遠遠沒有完成使命。對中國模式的研究關

涉中國敍事，即怎樣講好中國故事、中國方案、中國經驗、中國道路，這是中國學者自己的使命。在西方國家總是存在對中國模式的污名化，各種「中國威脅論」、「中國崩潰論」層出不窮。我們自身需有清醒的認識，關於走向世界的「中國模式」的話語敍事要處理好中國性和世界性、現代化和西方化、傳統性和現代性的關係。

　　將中國模式作為一種治理現象、治理命題進行研究，是其能夠在世界主流輿論場被採納乃至被公允討論的重要條件之一。作為「中國模式的獨特優勢及國際影響研究」重大項目的概論部分，本書將「中國模式」視為一種客觀事物，摒棄政治化和意識形態化的有色眼鏡，從治理的學術視角解釋中國模式。大歷史的視角、結構性的視角和全球化的視角構成了分析中國模式三維一體的總體框架。通過回溯中國近代以來現代化道路的探索過程解碼中國模式的形成與發展過程。西方國家的現代化實踐和現代化理論被全世界許多國家和地區仿效，但世界各國的現代化發展之路卻呈現出多元模式：英美模式、蘇聯模式、東亞模式、第三世界模式等等，它們在發展過程中都既有成就也有經驗教訓，不存在一個普適的發展模式。新冠肺炎疫情作為一個透視鏡，為人們重新觀察、分析世界各國現代化發展模式的優劣提供了新視角。在中美關係從戰略競合走向戰略遏制，以及新冠肺炎疫情衝擊下，全球化格局發生重大變革的新背景下，中國模式也不斷作出適應性調整，在動盪的世界裏依然能夠實現「中國之治」，體現了中國模式的有效性。在後疫情時代，中國模式既面臨機遇，也面臨着巨大挑戰。我們必須深刻明白，未來中國模式應該是一個不斷開放和具有一定普世性的模式，不會拒絕任何先進的人類經驗和其他模式的成功之處。

　　進一步研究中國模式，既是對歷史的回望，也是聆聽未來的先

聲。一方面,「中國模式」代表了對現代化中國所經歷過的偉大時代及其偉大實踐的總體性概念化和理論化,這是基於中國經驗之上重建中國自己的哲學社會科學知識體系的重要探索;另一方面,「中國模式」也將在回應「修昔底德陷阱」、「中等收入陷阱」、「政權週期陷阱」以及「智能社會陷阱」等諸多時代性挑戰的過程中,必將不斷形塑它的未來。不論作為一種實踐上的治理,還是作為一種學術上的研究,可以肯定的是,「中國模式」都將會是長期的!

概述

　　本書從大歷史視角、結構化視角和全球化視角理解中國模式的內涵及其世界歷史性意義；從中國自近代以來的現代化歷史進程及中國現代化道路的選擇中，體察中國模式的形成過程及其發展趨勢；從現代化發展模式的國際比較視野下，通過釐清英美模式、蘇聯模式、東亞模式、第三世界模式各自的內涵、特徵及其現實效應，在與世界多元現代化路徑的比較中發現中國模式的獨特優勢；在中美關係從戰略競爭走向戰略競合的新形勢以及新冠肺炎疫情對全球化格局影響的背景下，分析中國模式為適應新條件、新環境所作出的適應性調整；從中西方內部治理的不同景象中，探尋中國模式內部治理的有效性及其對世界其他國家的借鑒意義；最後通過分析後疫情時代中國模式面臨的機遇與挑戰，窺探中國模式的未來和可能走向。

　　從大歷史視角看，中國模式是一種客觀存在，是中國自近代史以來不斷探索、總結、完善現代化道路的結果，它既是屬於中國歷史的，也是屬於世界歷史的，它不能從意識形態上被看作一個「理想國」。從結構性視角看，儘管中國模式表現在方方面面，但其核心是中國特有的政治經濟模式。作為「統治主體」的中國共產黨、內部「三權」與「以黨領政」體制等構成了中國獨特的政治模式；國家資本、民間資本和國家與社會合作中間層等構成的「三層市場」

結構混合經濟模式，以及社會主義市場經濟制度屬性等體現了中國獨特的經濟模式。中國的經濟模式是中國的政治模式促成的，政治與經濟兩方面互相關聯，互相強化。從全球化視角看，中國模式是在吸收世界先進文明成果和充分汲取了蘇聯模式、英美模式、北歐模式、東亞模式、拉美模式等其他國家發展模式經驗教訓的基礎上，結合自身特點形成的，它使得中國從最初的被動走向世界到主動融入世界再到現在的引領、塑造全球化，使中國自身發展從邊緣走向舞台中心，為廣大發展中國家提供了通往現代化的另一種選擇，激發了科學社會主義的生機活力，為人類文明未來發展提供了中國智慧。

中國模式來源於中國近代以來不斷探索實現現代化的歷史進程中，從近代以來中國現代化道路探索的過程可以解碼中國模式的形成與發展。中國現代化的歷史進程按照「國家—發展—制度」的邏輯演進逐漸走向成熟，即中國模式的起點或者現代化發展的歷史經驗是先解決「國家與發展」的優先次序問題，先解決國家問題，再解決發展問題，而漸進主義式的制度改革或者改進則貫穿於整個過程。將外來侵略者趕出中國建立一個主權獨立的國家，通過革命的方式實現國家內部的統一併建立一個基本的政治秩序，這是中國進行現代化的基礎性前提，也是中國模式的邏輯起點。自鴉片戰爭以來到 1949 年新中國成立，中國經歷了艱難曲折的道路，最終在中國共產黨的領導下建立了新中國。新中國成立後，按照社會主義道路進行國家建設被提上議程。新中國成立後前三十年，建立了國家的工業化基礎，但在一段時間裏，毛澤東用「繼續革命」的手段來解決「發展」問題，但並沒有預想的成功，經濟發展和人民生活一度陷入由個人崇拜帶來的混亂狀態。改革開放後，中國恢復了基

本的政治秩序，在此基礎上按照經濟改革、社會改革、政治改革的「三步走」發展議程進行現代化建設，取得了巨大成就。中國特色社會主義進入新時代，以內部國家制度的持續形塑和改革創新為主要動力，推動着中國模式在中國特色社會主義制度體系上更加成熟、定型，不斷煥發新的生命力。

從世界各國現代化的路徑選擇來看，不同的國家走了不同的發展道路，由此形成了多元的現代化發展模式。以國家內部的政治、經濟制度性質作為考察依據，可以對世界現代化發展模式做類型學劃分，即主要考慮各個現代化發展模式的共同特徵中的兩個變量：(1) 政治制度：議會民主政治還是權威主義政治體制或混合體制；(2) 經濟制度：自由市場經濟還是政府主導下的市場經濟或計劃經濟。不同的現代化發展模式在這兩個維度上呈現出差異性特徵，並且每一種現代化發展模式也不是一成不變的，而是會隨着環境的變化不斷作出適應性調整。以自由主義為基本特質的英美模式曾確立了全球霸權，帶動了世界經濟的發展，但 2016 年以來，保持了近 20 年的經濟全球化浪潮被一股強勁的逆全球化力量阻撓，新自由主義的英美模式也面臨着自身內部矛盾帶來的困境。以高度集中的政治、經濟和社會管理體制為特徵的蘇聯模式曾使蘇聯快速實現了工業化，並與美國形成兩極格局，但最終由於模式的僵化，最終隨着蘇聯解體而走向消亡。以日本和「亞洲四小龍」為代表的東亞模式也是各國在第二次世界大戰後積極探索符合自己國家文化傳統和特色的基礎上發展起來的，給各國帶來了經濟起飛，但目前也面臨經濟發展動力不足的問題。第二次世界大戰後，亞、非、拉地區經過民族解放運動，擺脫了半殖民統治狀態，成為政治獨立的新興國家，這些國家獨立後經歷了由依附發展到探索自主發展的現代化進

程。將中國的現代化放在世界現代化的歷史方位中會發現，中國開啟現代化之路時，西方國家已經通過資產階級革命、資本主義工業化的發展完成了西方式的政治和經濟的現代化，中國的現代化屬於後發型的現代化，並且是一種超趕型的現代化。中國面臨的外部條件決定了中國不可能採取早發型現代化國家的資本原始累積手段。中國通過對蘇聯模式的反思，對英美模式的吸收、對北歐模式的借鑒、對東亞模式的學習、對拉美模式的警戒，形成了一種綜合創新的中國模式。

中美關係的變化是近些年中國外部環境面臨的一個最大變量。為適應美對華關係從戰略競合到戰略遏制的轉變，中國必須作出發展模式的調整。再加上突如其來的新冠肺炎疫情的衝擊，自上世紀80年代以來的超級全球化格局正在瓦解。疫情期間，中國模式彰顯了「舉國抗疫」的優勢，中國不僅在國內有效控制住了疫情，並對世界其他國家進行相關醫療資源的援助，極大提高了中國的國際聲望。西方國家抗疫期間「反智主義」盛行，抗疫不利，使西方的領導力下降。美國的頻繁「退羣」行為和採取的一系列保守主義政策正使國際體系發生變化。在這樣的新形勢下，中國模式也需作出調整：面對來自美國、西方其他國家以及周邊國家在科技、經濟、意識形態、軍事領域對中國的遏制和挑釁，中國採取發展與安全並重的戰略目標轉型，提出了向國際國內雙循環的新發展格局轉型，在國際秩序中，中國將繼續發揮大國責任的作用。

從當前動盪的世界環境中，中西方治理呈現出的不同景象中，可以突顯中國模式內部治理的有效性。儘管西方世界鼓吹的「中國崩潰論」依然盛行，但不應該低估中國制度的生命力及其可能的外部影響力。經過了一個世紀的革命和戰爭（1840-1949）、七十年的

建設探索（1949-2019），毫無疑問，目前這套可以概括為「中國模式」的制度主要是基於中國自己的文化、現實和實踐而得來的。因此，中國制度演進的經驗首要意義在於讓中國找到了自己的模式。中國絕對不會輸出自己的模式，但中國經驗可以為那些既要爭取自身的政治獨立又要爭取經濟社會發展的國家提供另一個制度選擇。這樣的另一個選擇之所以可能，原因在於中國基於特殊實踐形成的模式，其背後蘊含着在某種程度上具有普遍性的治理智慧。面臨世界百年未有之大變局，未來的「中國模式」將會是一個不斷開放和普世化的模式，不會拒絕任何先進的人類經驗和其他模式的成功之處。

第一章

理解中國模式——大歷史視角、結構化視角與全球化視角

隨着中國社會主義進入新時代，如何用一整套基於中國本身經驗和文化繼承之上的知識體系，來準確概括並解釋現代化發展中國模式的內涵實質和制度邏輯，已經成為建構中國國際話語權其中一項最為迫切的任務。儘管中國的現代化發展取得了舉世矚目的成就，也深度融入世界經濟體系和全球治理體系，但在認識理解中國問題上，西方學界和政界往往只是拿着基於西方文化的西方概念和理論來看中國，很多情況下不是曲解中國，便是不得要領、似是而非，大多數西方學者更是難以克服政治和意識形態上的偏見。西方看中國經歷了傳統上的「東方專制主義」到現代各種版本的「權威主義」，不管怎樣的變化，西方文化和意識形態的偏見歷史上一直存在，不過在中國崛起之後，這種偏見變得越來越深。

　　是否存在中國模式？也就是說，中國是否形成了一種相對穩定的框架體系和基本的制度安排。如果存在，那麼這個模式的獨特性表現在哪裏？又如何看待「中國模式」與世界其他發展模式的關係？無論是就中國自身的發展，還是中國發展對世界的影響而言，這些重要的問題都有必要得到系統回答。

　　中國模式是一種與英美等西方國家的現代化發展模式不一樣的路徑，中國現代化發展模式的出現，從一方面反映出人類社會的發展道路確實是一元多線的。從大歷史的、結構性的和全球化的三維一體的視角分析中國模式，可以全面把握中國模式的內涵特徵及其世界性意義。從大歷史視角看，中國模式是一種客觀存在，是中國自近代史以來不斷探索、總結、完善現代化道路的結果，它既是屬於中國歷史的，也是屬於世界歷史的，它不能從意識形態上被看作一個「理想國」。從結構性視角看，儘管中國模式體現在方方面面，但其核心是中國特有的政治經濟模式。作為「統治主體」的

中國共產黨、內部「三權」與「以黨領政」體制等構成了中國獨特的政治模式；國家資本、民間資本和國家與社會合作中間層等構成的「三層市場」結構混合經濟模式，以及社會主義市場經濟制度屬性等體現了中國獨特的經濟模式。中國的經濟模式是中國的政治模式促成的，政治與經濟兩方面互相關聯，互相強化。從全球化視角看，中國模式是在吸收世界先進文明成果和充分汲取了蘇聯模式、英美模式、北歐模式、東亞模式、拉美模式等其他國家發展模式經驗教訓的基礎上，結合自身特點形成的，它使得中國從最初的被動走向世界到主動融入世界再到現在的引領、塑造全球化，使中國自身發展從邊緣走向舞台中心，為廣大發展中國家提供了通往現代化的另一種選擇，激發了科學社會主義的生機活力，為人類文明未來發展提供了中國智慧。

中國模式作為中國探索現代化道路的一種發展方式，其實質是中國如何通過先進的政黨帶領中國人民實現現代化，它是中國近代以來現代化長期探索的經驗總結，有其自身的理論特性，並充分體現了自主性、漸進性和開放性等實踐特徵。在自主性方面，中國模式的形成不是簡單照搬照抄別國經驗，而是中國立足本國歷史傳統、現實國情等基礎上自主探索現代化道路的結果。在漸進性方面，中國的改革首先在經濟領域展開，在不驟然打破原有體制的基礎上，通過逐漸引入、培育市場經濟因素，以最終完成社會主義市場經濟體制的轉型，進而逐步擴展至政治、社會、文化、生態等各個領域的改革與發展。這與以俄羅斯等多數東歐國家為代表的激進式改革或者「休克療法」形成了鮮明對比。在開放性方面，中國模式是對世界發展模式的綜合創新，不僅汲取了當今世界發展模式的經驗和優點，更結合中國實際，有意識地避免世界發展模式中的教

訓和弊端，因而獲得了其他發展模式所不具備的獨特性和優越性，這是中國模式能夠持續穩定發展的原因所在。

從大歷史的、結構性的和全球化的三維一體的視角分析中國模式不僅能夠拓展對中國發展經驗總結的廣度和深度，讀懂中國實現「站起來」、「富起來」和「強起來」，中華民族實現偉大復興背後的實踐邏輯，明確中國發展在整個世界現代化進程中的歷史方位；還能夠開啟對中國模式進行系統性理論總結和實踐探索的新階段，探索其內部力量如何相互作用以及在與世界的聯繫中找到中國模式的世界性意義與價值。

一、大歷史視角下的中國模式
—— 一種客觀存在

（一）中國模式不是柏拉圖式的「理想國」

有些人不承認或者貶低中國模式，是因為他們把模式看作一個非常理想的東西，能夠解決社會發展的所有問題。這種從道德審美角度分析中國模式的方法既不符合客觀規律，也不符合客觀歷史現實，而且容易過度意識形態化。在社會歷史發展領域，任何一個模式都有其優勢也有其不足，根本就不存在一個百分之百的理想模式。任何一個模式都具有歷史性，在不同的發展階段，必須改革自身，以符合時代的需要。理性而言，中國模式是一種客觀存在，就像蓋房子一樣，房子蓋好了就必然有一個模式。[1] 但是對中國模式這樣一種客觀存在的評價就如同評價一座房子一樣，各有不同的角度。

「中國模式」由時任美國高盛公司高級顧問喬舒亞・庫珀・雷默（Joshua Cooper Ramo）在 2004 年的研究報告《北京共識》中首次提出來。在雷默看來，中國模式就是「北京共識」，它是相對於「華盛頓共識」而言。「華盛頓共識」指的是 20 世紀 90 年代以來，國際貨幣組織、世界銀行和美國財政部要求債務纏身的國家（尤其

1　鄭永年．中國模式經驗與挑戰 [M]．北京：中信出版社，2016

是拉美國家）必須承諾採取一系列改革作為獲取貸款的條件，這些比較激進的改革包括國有企業私有化、自由貿易、解除管制和控制公共開支等。華盛頓共識可以視為西方發展模式的高度概括，彰顯了新自由主義的廣泛影響力，反映了「歷史終結論」的傲慢情緒。儘管「北京共識」同「華盛頓共識」一樣包含經濟、政治和外交等方面的內容，但卻有不同的內涵和特徵。歸納地看，「北京共識」有如下幾方面的內涵：

(1) 解放思想與制度創新，以經濟改革為先導，利用創新減少改革中的摩擦損失；

(2) 政府主導與市場經濟相結合；

(3) 注重漸進性、連貫性、平等性、艱苦奮鬥和可持續發展；

(4) 在全球化過程中堅持獨立自主，積極捍衛國家利益和邊界，走適合自己國情的道路；

(5) 促進中國在政治穩定中發展且治理有效的中國特色民主發展模式。

儘管雷默多次提及「中國模式」，但更傾向於使用「北京共識」，並使之與「華盛頓共識」對立起來。這也意味着雷默似乎鼓勵中國政府提倡甚至輸出「北京共識」，這使得「北京共識」的概念從一開始就過分政治化和意識形態化。這也是為何中國學界此後更傾向於迴避「北京共識」，而採用更為中立的概念，諸如「中國模式」、「中國經驗」、「中國道路」或「中國方案」。[2] 其中，「中國模式」的概念

2　石之瑜，李梅玲.「西方中心論」與崛起後的中國 —— 英美知識界如何評估中國模式 [J]. 人民論壇‧學術前沿，2013(3) .

雖然在國內外學界一直爭論不休，但在實際話語中卻更多受到國內外政界、學界和媒體的關注和使用。

國外對「中國模式」的看法基本可以歸納為三派。第一種就是人們常說的「捧殺派」，就是對中國模式大加讚揚，一些人甚至認為中國模式不久將要取代西方模式。這一派「捧殺」中國的出發點不同，例如商界傾向於希望中國模式可以繼續發展，因為他們已經從中獲益。2008 年金融危機以後，西方有一些人確實對西方模式信心不足，覺得中國改革開放以來所取得的成就及其迅速度過金融危機的高效決策，給人一個新的希望。這一派未必真的如很多中國觀察家所言要「捧殺」中國。[3] 歸根結底，他們承認中國模式的優點，只是忽略了這些成就背後的代價及其未來發展的制約因素。

第二種就是「中國模式威脅派」。簡言之，在這一派看來，中國並沒有按照西方人所希望的那種模式去發展。相反，中國形成了自己獨特的模式，而且成效顯著，尤其是在一些發展中國家，中國模式相比西方模式，頗具競爭力和吸引力，已經對西方模式形成了很大的壓力。這一派甚至將中國模式上升到意識形態和價值觀的層次，認為中國模式表達的是一種不同於西方的價值體系，不僅會對西方價值構成競爭，而且意在取代西方價值體系。

第三種觀點認為中國模式並不存在，也可以稱之為「中國模式不定論」。這一派看到中國發展面臨的種種問題和挑戰，並不認為中國已經形成了一種可稱之為「模式」的經驗，也不相信這種模式可以持續發展。這一派堅信只有西方的發展模式才是可持續的並具有普適性。如同蘇聯模式被證明是失敗的一樣，中國模式的前景並

3　王鴻銘，楊光斌 . 關於「中國模式」的爭論與研究 [J]. 教學與研究，2018(5).

不光明。因此，這一派熱衷探討「中國崩潰論」。[4]

不過，在一些發展中國家看來，中國模式代表着一種新的可能選擇。自 20 世紀 90 年代以來，以華盛頓共識為核心的西方發展模式並沒有給很多後發國家帶來經濟增長和社會穩定，但無奈西方世界的強勢地位，這些發展中國家並沒有太多的選擇。隨着中國的崛起，中國模式也逐漸體現出它的優勢和影響力，一些發展中國家領導人也公開號召學習中國模式，試圖改變落後發展的局面。當然，在這些發展中國家內部，一些深受西方思維影響的政治和社會精英以及知識分子，也對中國模式持懷疑和批判態度。總而言之，國際社會對中國模式的看法是多元的，這是我們客觀認識中國模式影響力的基礎。

同樣，國內對於「中國模式」的看法也存在類似的三種派別。第一種大讚中國模式，認為不僅存在一個中國模式，而且比西方模式更優越。這一派可以統稱為中國模式的「左派話語」。這一派並不諱言他們確定中國模式的目的是要和西方爭奪國際話語權，這一派的背景非常複雜，既從毛澤東思想那裏尋找中國模式的起源，也從西方新馬克思主義那裏尋找理論依據，也有從比較發展的視角看待中國模式。然而，儘管這一派對中國模式做了大量的概括性研究，但對中國模式的評價過於意識形態化。與左派相反，親西方的自由派並不認為存在所謂的「中國模式」。對這一派而言，或許中國不需要中國模式，因為中國發展是否成功，取決於中國是否能夠發展出類似西方的政治、經濟和社會制度。如果現有體制不變，

4　[美] 弗朗西斯・福山 . 中國模式—高增長與雙刃的威權主義 [N]. 讀賣新聞（日本）, 2011-09-25.

談論中國模式並沒有意義。這一派往往認為西方模式放諸四海而皆準，是衡量所有國家發展的唯一標準，中國也不例外。顯而易見，這一派對中國模式的判斷同樣過於意識形態化，充滿先入為主的政治偏見，沒有從中國的視角來解釋和理解中國模式。最後一派也可以稱為「中國模式不定論」。不過與國外相似派別的出發點不同，這一派不是從學術角度，而是從政治的角度出發的，認為現在談論中國模式為時尚早，中國應該繼續「韜光養晦」，不宜大肆宣傳中國模式，擔心會產生不好的國際影響。

（二）中國模式是屬於中國歷史的，也是屬於世界歷史的

　　一提到中國模式，人們首先想到的就是中國改革開放 40 年來所取得的巨大成就。但是通過「摸着石頭過河」的方式來進行的「改革開放」並沒有解釋甚麼是中國模式。改革開放前 30 年的「試錯」發展為改革開放後 40 年累積了非常豐富的經驗，如果不理解改革開放前 30 年的歷史以及再往前的歷史，就很難甚至不能理解改革開放後 40 年的成就。正如習近平在慶祝改革開放 40 周年大會上所指出的，「中國特色社會主義道路來之不易。它是在改革開放 40 年的偉大實踐中走出來的，是在中華人民共和國成立近 70 年的持續探索中走出來的，是在對近代以來一百多年中華民族發展歷程的深刻總結中走出來的，是在對中華民族 5000 多年悠久文明的傳承中走出來的，具有深厚的歷史淵源和廣泛的現實基礎。」[5]

　　理解「中國模式」，首先強調的是「中國」，是中國文明的當代

5　習近平. 在慶祝改革開放 40 周年大會上的講話 [N]. 人民日報，2018-12-19.

體現。把中國模式置放到大歷史的宏觀層面上，研究中國模式就是要把既定不變的結構性要素提煉出來，因為不管中國如何變化或者變革，中國總是中國，中國變不成西方或者其他任何國家。同時，二戰以後，世界主要國家探索現代化發展的過程也是中國模式產生的一個大的歷史背景。這些國家現代化道路的發展過程，以及對它們的主要特點及歷史經驗進行總結，對中國模式的形成產生了客觀影響。但需要指出的是，在中國以開放式態度學習外國的經驗的過程中，中國具有主動性，並非被動的反應。就是說，所有外國的經驗是中國主動學來的，而不是被他人強加的。這一點和很多發展中國家形成了鮮明的對比，在這些國家，很多方面的變化從具體政策到制度安排，都是為外力所強加。

從這個意義上說，人們需要看到中國模式的文明性。看待中國模式需要宏觀的大歷史視角，不能簡單地從某一個歷史時間段上來理解，而是要把它置放在中華民族上下傳承的整個歷史中來理解，要從歷史實踐演變的過程來把握它形成的客觀性與必然性。[6]

（三）中國模式是中國不斷探索現代化道路的必然結果

1. 近代以來模仿歐美模式的歷史經驗

1840 年，西方國家發動的鴉片戰爭輕而易舉地打敗了具有五千年文明史的泱泱大國，中國從此淪為半殖民半封建國家，中國人由此踏上了一條尋找能夠實現民族獨立、人民解放、國家富強的現代化探索道路。

6　黃宗良 . 從蘇聯模式到中國道路 [M]. 北京：北京大學出版社，2014: 57.

林則徐和魏源是最早主張向西方學習的人，在他們看來，只要把西方國家的先進技術學到手就能抵禦列強的侵略。魏源在《海國圖志》中進一步提出「師夷長技以制夷」的思想。1861 年，以「自強求富」為口號的洋務運動開始興辦近代工商業，引進大機器生產和資本主義生產方式，引進西學，但終因「中體西用」，維護封建統治制度的思想桎梏而破產。1895 年甲午戰爭的失敗使得民族意識廣泛覺醒，維新派開始了從制度層面進行現代化道路探索，他們主張改革政治體制，向日本學習，實行君主立憲制，但因其民族資產階級的階級局限性以及觸及封建勢力的利益而遭到打壓，最終失敗。孫中山為了從根本上改變中國君主專制體制，主張仿效歐美國家的議會民主原則重建中國政治。辛亥革命前，孫中山多次講到：中國革命後要仿照美國的政府而「締造我們的新政府」。[7] 辛亥革命後，由於民族資產階級自身的軟弱性和妥協性，革命果實被袁世凱竊取，改資產階級民主共和制為封建獨裁帝制，標誌着中國向西方學習，走歐美現代化道路的失敗。

　　習近平指出，從太平天國運動、戊戌變法、清末新政到君主立憲制、議會制、多黨制、總統制，中國都經歷過、嘗試過，但都不成功。事實證明，不觸動舊的社會根基的自強運動，各種名目的改良主義，舊式農民戰爭，資產階級革命派領導的民主主義革命，照搬西方政治制度模式的各種方案，都不能完成中華民族救亡圖存和反帝反封建的歷史任務，都不能讓中國的政局和社會穩定下來，也都談不上為中國實現國家富強、人民幸福提供制度保障。

7　　孫中山全集（第一卷）[M]. 北京：中華書局，1981: 255.

2. 照搬蘇聯模式的沉痛教訓

由於「十月革命」的勝利，中國共產黨人開始了「以俄為師」的道路，並通過馬克思主義中國化的理論創新和艱苦卓絕的奮戰，帶領中國人民取得了中國革命的勝利，而且建立了新中國。董必武在回顧這段歷史時說，當時中國的先進知識分子認為，中國革命「要搞俄國的馬克思主義」，「走十月革命的道路」。[8] 受蘇維埃和「聯邦」模式的影響，1921 年，中國共產黨在第一個綱領中提出「採取蘇維埃的形式，把工農勞動者和士兵組織起來」。1922 年 7 月，中國共產黨在黨的二大綱領中提出「建立中華聯邦共和國」。蘇聯在第二次世界大戰中的勝利使蘇聯模式的威望急劇上升 [9]，因此，新中國成立初期，就照搬蘇聯模式搞計劃經濟建設。毛澤東後來說：「解放後，三年恢復時期，對搞建設，我們是懵懵懂懂的。接着搞第一個五年計劃，對建設還是懵懵懂懂的，只能基本上照抄蘇聯的辦法。」[10] 隨着 1956 年赫魯曉夫的「秘密報告」打破了對史太林的迷信，毛澤東在《論十大關係》中總結了學習蘇聯經驗的情況，「最近蘇聯方面暴露了他們在建設社會主義過程中的一些缺點和錯誤，他們走過的彎路，你還想走？過去我們就是鑒於他們的經驗教訓，少走了一些彎路，現在當然更要引以為戒。」[11] 毛澤東此時初步察覺到了蘇聯模式的弊端。但毛澤東並沒有在總體思維上突破蘇聯模式的桎梏，受蘇聯模式的影響，他把實現國家工業化等同於建設社會主義，社會主義的發展就是要不斷地擴大公有制的規模和程度，促使

8　共產主義小組 [M]. 北京：中央黨史資料出版社，1987: 354.

9　毛澤東文集 (第七卷) [M]. 北京：人民出版社，1999: 23-24.

10　毛澤東文集 (第七卷) [M]. 北京：人民出版社，1999: 117.

11　毛澤東文集 (第七卷) [M]. 北京：人民出版社，1999: 23.

集體所有制儘快向國家所有制過渡，最終徹底消滅私有制，實現單一的全民所有制，以便創造向共產主義過渡的條件。於是，「大躍進」期間，人民公社的建立進一步強化了蘇聯模式。晚年毛澤東把突破蘇聯模式的改革稱為修正主義，在批判赫魯曉夫的同時，還必須挖出「躺在身邊的赫魯曉夫」，發動了「文化大革命」，將階級鬥爭的理論絕對化。儘管中國在很多政策實踐方面「偏離」蘇聯模式，但整體制度的運行邏輯還是蘇聯式的，因此實際上是把蘇聯模式凝固化了。

3. 改革開放以後「中國模式」的新探索

堅定走符合中國國情的發展道路是中國共產黨一以貫之的追求。其實，早在 20 世紀 40 年代，毛澤東在《新民主主義論》《論聯合政府》等文章中就提出了「中國向何處去」的重大命題。他指出，即將成立的新民主主義的共和國，既和「舊式的、歐美式」的資產階級專政的共和國相區別，也和「蘇聯式的、無產階級專政的」社會主義共和國相區別，原因是這兩種模式都不適合中國的國情。20 世紀 50 年代，毛澤東發表《論十大關係》，其思想主旨是「以蘇為鑒，引以為戒」，「不可能設想，社會主義制度在各國的具體發展過程和表現形式，只能有一個千篇一律的格式。」[12] 但是後來由於一系列原因，導致中國的發展偏離了適合自己的方向。

20 世紀 70 年代後期，以鄧小平為核心的黨的第二代中央領導集體，在「百廢待興」、「千頭萬緒」中擔當了開闢中國特色社會主義道路、重新規劃中國發展模式的重任。鄧小平一再指出：「我們

12　建國以來毛澤東文稿（第六冊）[M]. 北京：中央文獻出版社，1992: 143.

搞的現代化，是中國式的現代化。我們建設的社會主義，是有中國特色的社會主義。」[13]1988 年 5 月 18 日，在會見莫桑比克總統希薩諾時，鄧小平發表了一段十分經典的談話。他說：「世界上的問題不可能都用一個模式解決。中國有中國自己的模式，莫桑比克也應該有莫桑比克自己的模式。」[14] 同年 10 月 17 日，他在會見羅馬尼亞共產黨總書記齊奧塞斯庫時再次指出：「社會主義國家之間的經驗相互可以參考、借鑒，但絕不能照搬，都是一個模式不行。」[15]1989 年 5 月 16 日，鄧小平在會見來訪的戈爾巴喬夫時，他進一步指出：「在革命成功後，各國必須根據自己的條件建設社會主義。固定的模式是沒有的，也不可能有。墨守成規的觀點只能導致落後，甚至失敗。」[16]

江澤民和胡錦濤一再強調世界發展模式的多樣性。1999 年 10 月 22 日，在英國劍橋大學的演講中，江澤民指出：「中國既不能照抄西方資本主義國家的發展模式，也不能硬搬其他國家建設社會主義的模式，而必須走適合自己國國情的發展道路。」[17]2000 年 9 月，在聯合國千年首腦會議上，江澤民再次指出「如同宇宙間不能只有一種色彩一樣，世界上也不能只有一種文明、一種社會制度、一種發展模式、一種價值觀念」[18]。2004 年 6 月 14 日，在羅馬尼亞議會演講中，胡錦濤指出：「應該尊重各國根據各自國情選擇的發展道

13 鄧小平文選 (第三卷) [M]. 北京：人民出版社，1993: 29.
14 鄧小平文選 (第三卷) [M]. 北京：人民出版社，1993: 261.
15 中國共產黨中央文獻研究室編 . 鄧小平思想年譜 (1975-1997) [M]. 北京：中央文獻出版社，1998: 415.
16 鄧小平文選 (第三卷) [M]. 北京：人民出版社，1993: 292.
17 江澤民 . 在英國劍橋大學的演講 [N]. 人民日報，1999-10-23.
18 江澤民思想年編 (1989-2008) [M]. 北京：中央文獻出版社，2010: 484-485.

路和發展模式。」[19] 黨的十八大以來，習近平既回應國內外關於中國模式的討論，闡述堅持和發展中國模式的必要性，又明確提出「中國方案」的新概念，認為中國的發展「拓展了發展中國家走向現代化的途徑，給世界上那些既希望加快發展又希望保持自身獨立性的國家和民族提供了全新選擇，為解決人類問題貢獻了中國智慧和中國方案」。

---

19 胡錦濤. 鞏固傳統友誼擴大互利合作 —— 在羅馬尼亞議會的演講 [N]. 人民日報，2004-6-15.

二、結構化視角下的中國模式
—— 政經制度的系統化

　　進一步深入到中國模式內涵的結構時，大多數學者尤其是西方學者往往都會迴避中國的政治模式，而僅僅把中國模式局限於中國在經濟上的成功。國際學術界和政策圈一直流行着「中國只有經濟改革而無政治改革」的看法，這種說法事實上是人們對中國模式的認識難以深入的重要根源。實際上，中國模式的內涵是多層次的綜合體，它表現在方方面面，至少包括政治、經濟、社會、文化等層面。儘管中國模式表現在方方面面，但其核心是中國特有的政治、經濟與社會模式，這三方面互相關聯，互相強化。如果不討論中國的政治模式，就很難理解中國的經濟模式，因為到目前為止，中國的經濟模式正是中國的政治模式促成的。而如果忽略中國的社會模式就會很難理解中國社會發展的中國特色。

（一）獨特的政治模式 —— 作為「統治主體」的中國共產
　　　黨、內部「三權」與「以黨領政」體制

1. 中國共產黨是中國政治制度的核心，是中國的「統治主體」

　　中國共產黨是中國的「統治主體」，它在中國模式的建構中起着核心作用。要理解中國模式，首先就要理解中國共產黨。法國思

想家託克維爾著的《論美國的民主》是有關美國民主的經典。在這本書中，他論述了民主制度的主體，即市民社會。市民社會是西方民主的「統治主體」，西方的民主是圍繞着市民社會來建構的。市民社會是西方羅馬帝國解體之後幾個世紀發展的特殊產物，因此，當代著名政治學家亨廷頓生前說西方民主不具有普遍性，因為它是西方特有文化的產物。除了西方之外，確實很難發現類似西方的市民社會存在於發展中國家。傳統上，在大多數時間裏，大多數發展中國家的「統治主體」只有兩個：一是宗教組織，二是軍隊。中國一直是一個世俗國家，宗教沒有任何的統治合法性；軍隊很重要，但在現代社會，軍隊也沒有合法性。今天很多人都在談論市民社會，市民社會的確在發展，也在扮演一定的社會角色，但沒有人會說，中國的統治可以建立在市民社會基礎之上的。

西方很多人也不是不知道中國共產黨是中國的統治主體，但他們認為，中國共產黨和市場經濟、市民社會等是不相容的，隨着市場經濟和市民社會的興起，中國共產黨就會逐漸缺失其統治能力。近年來，顏色革命不斷爆發，中東與北非一些政權垮台，這讓西方很多人相信，中國共產黨也時日不多了，它可能會在數年、數月甚至數天內崩潰。然而，現實地看，西方的各種看法和中國的政治現實剛好相反。中國共產黨如今已經成為世界上最大的黨，擁有超過九千萬黨員。為推動中國的現代化發展，中國共產黨除了積極引導和推動中國的經濟社會變革之外，也積極通過自己的革新來適應不斷變化的國內外環境。中國共產黨一直是中國社會經濟變化的引導者和推動者，或者說改革開放的主體，如果忽視中國共產黨的作用，就很難解釋過去幾十年的深刻變化。更為重要的是，從自身革新來看，中國共產黨不是簡單地回應環境的變化，而是通過主動的

變革去掌控環境的變化。這符合馬克思主義基本原理 —— 隨着社會經濟基礎的變化，上層建築也必須發生變化。總的來說，中國共產黨是一個學習型組織，它不斷地從其他國家和自己的歷史中汲取經驗。十八大以來的大規模反腐運動和制度建設就是很好的例子。這表明只要領導層有強烈的政治意願，這個組織就能動員其強大的力量來實現其願景。中國共產黨的自我革命既是日益變遷的環境所致，更是領導層自我意識的結果。改革開放以來中國共產黨的生存和發展是有自身道理的，而非偶然。

2. 中國共產黨不能等視為西方式政黨，而是中國傳統政治文化在現代的轉型，是一種組織化現代「皇權」

西方學者對中國共產黨的研究往往帶有西方價值判斷的色彩，因為他們常常將對中國的解釋基於他們對西方社會的觀察之上，而非對中國現實的觀察。想要真正理解中國共產黨的作用，我們就必須將其置於中國特殊的歷史文化場景下，建構起一種本土化的視角，即「對中國政治變遷任何有意義的闡釋都必須置於中國文化的背景之下」，在中國的政治文化傳統與中國共產黨之間尋找歷史聯繫，並試圖探究中共背後蘊含的歷史和文化的連續性和斷裂。[20]

中國數千年傳統政治文化的核心是皇權制度。皇權從個人向組織的轉變無疑要受到近代以來中國特殊歷史情境的影響，後者直接決定了近代以來中國政治精英的選擇範圍。一方面，辛亥革命後的軍閥割據與議會民主實驗的失敗，使得中國的革命者意識到皇權

20 閆健. 文化傳統與歷史承繼 —— 讀《作為組織化皇權的中國共產黨：文化、再造與轉型》[N]. 中國治理評論，2012-04-30.

文化依舊是影響中國政治的重要因素。換言之，它並不以革命者憧憬民主政治的主觀願望為轉移。另一方面，列寧主義政黨的出現又為皇權從個人向組織的轉變提供了有效載體，它的意識形態和組織兩方面都為中國的政治精英所認同。中國傳統文化中具有深厚的統一權威思想，這個統一的權威傳統上是皇權，現在這一統一的權威是組織，就是中國共產黨。一個重要的事實是中國共產黨是中國的政治主體，是唯一的執政黨。也就是說，中國共產黨決定了中國的一切。

中國共產黨是一種組織化的「皇權」，代表了中國傳統皇權政治文化在現代的重生和轉型。從理論上講，皇權就意味着「皇帝是所有權力的最終來源」，它「不與任何政治或社會行為體分享權力」。但「皇權」原則上的不受限制的權力並不意味着、也不妨礙實際政治運作過程中的權力分工與合作。在傳統中國，皇帝是皇權的化身，在現今中國，中國共產黨則是它的「現代形式」。「組織化皇權」就是指政黨對國家以及黨國體系對於社會的主導。一方面，它意味着「皇權」的承擔者是一種具有現代政治形式的組織。另一方面，它又表明權力的實質仍舊是前現代性的，即不可分享且不受限制的「皇權」。中國共產黨與傳統皇權的相同之處就在於其享有對國家和社會的持續的主導。但是，這並不意味着「組織化皇權」僅僅是傳統皇權的現代翻版。

「組織化皇權」不同於傳統皇權的地方就在於其「主導性」的實現方式上，在實現對國家和社會的主導方面，中國共產黨同時採納了三種不同的方式：一是強制，即中國共產黨通過強制性手段，比如幹部任用體制和大規模的政治運動來獲取國家和社會的服從。在黨國與社會關係層面上，這就體現為對社會力量的控制。二是談

判，即兩個行為體之間、黨與國家或者黨與社會通過各種談判方式解決彼此衝突的過程。三是互惠，即兩個行為體通過自我調整或協商來實現彼此之間的自願合作。互惠的基礎是義務，即每一方都以另一方能夠接受的方式行為。[21] 但大體上說，所有政治制度都體現着三種互動形式。近代以來，「強制性」是任何政治體系所必須具有的本質，也是現代性的體現。但同時，任何政治體系也不能僅僅依靠強制性而治理，因此也發展出其他形式的互動方式。

中國共產黨的這種組織化皇權形式與傳統皇權的區別還在於中國現代政黨的開放性，這種開放性也是中國政治模式的主要特徵。首先，一黨執政下的開放型政黨體制，也就是內部多元主義，促成了精英階層的快速更替。改革開放以來，中國共產黨已經發展出非常有效的精英更替制度。一是領導人退出制度即退休制度，它實行的結果是避免了個人專制。二是人才錄用制度，使得政治更新異常地迅速。政治能夠有效反映代際變化，因此也是利益的變化。較之其他任何政體，中國政治體系的一個顯著現象就是官員流動速度非常之快。每年都有數以萬計的官員因為到了規定的年齡離開其任職的崗位，也有同樣多的官員進入這些崗位。這種快速的流動儘管也出現了一些弊端，但不可否認的是它能夠更加有效地反映時代的變化。其次，一黨執政下的開放型政黨體制具有較強的政策動員能力和政策調整能力。越來越多的民主國家，無論是西方發達國家的民主還是發展中國家的民主，反對黨不再是傳統意義上的「忠誠」

---

21 Zheng Yongnian, The Chinese Communist Party as Organizational Emperor: Culture, Reproduction and Transformation, London and New York: Routledge, 2010, pp33-34.

的反對黨，而是為了反對而反對。在這樣的情況下，具有實質性意義的政策變化變得非常困難，而中國則不然。改革開放以來，中國的政策變革速度非常快。從上世紀八十年代到九十年代再到本世紀，中國實現了數次重大的政策轉型，看不到執政黨的政策動員能力就很難理解中國這些年來的巨大變化。

中國共產黨的這種組織化皇權形式還體現在對民主因素的接納與吸收。在這一過程中，它既不發展西方式的民主，也不拒絕民主因素的增長。一方面致力於調整制度框架，以確保經濟改革和政治穩定。另一方面，它又旨在應對經濟社會發展帶來的急劇變遷，這一過程可以被稱為「政治漸進主義」。正是這樣一種組織化形式，這樣一種主導和合法化的雙重過程使得中共能夠適應不斷變化的、有利於民主化的社會經濟環境，繼續對國家和社會施以主導。在這樣的過程中，黨國與社會之間的主導式權力關係結構得以維繫。與此同時，黨國也逐漸包容民主因素。[22] 如果從開放的文明特質來說，開放式建黨，建設開放性政黨制度必然成為中國政治改革的大趨勢。從這個角度來解讀中共十八大、十九大的中國民主模式，即由黨內民主引導人民民主，就顯得很有意義。黨權與皇權不同，具有開放性，而開放性要用黨內民主來保障。除了強化政治主體地位外，黨內民主的另外一項相關的任務，是維持整個社會體系的開放性。誠如美國經濟學家奧爾森（Mancur Olson）教授所證實的，即使在具有外部開放特徵的西方多黨民主國家，也必然產生各種具有

22　Zheng Yongnian, The Chinese Communist Party as Organizational Emperor: Culture, Reproduction and Transformation, London and New York: Routledge, 2010, p149.

排他性和封閉性的利益集團（或者分利集團）。奧爾森非常悲觀，在他看來，除了革命、戰爭和大規模的衝突等手段之外，很難消除這些既得利益集團。但中國的改革開放經驗已經表明，維持體制的開放性是克服既得利益集團的最有效的方法。很顯然，要克服既得利益就必須擁有一個克服者，那就是一個同樣具有開放性的政黨。同時，我們也可以說，一旦政黨變得封閉，社會也會封閉起來，這是互相關聯的兩個過程。

因此，西方學者有關「中國只有經濟改革而沒有政治改革」的說法是站不住腳的。改革開放以來，中國共產黨主導的政治進程已經在以下兩個方面經歷着深刻轉變：首先，在黨內政治方面，中共已經從一個封閉的、排他性的組織轉變為一個競爭性的內部多元體制，某種程度的競爭和權力分享正在黨內出現。其次，在黨國與社會關係方面，中共已經從一個封閉排他性的組織轉變為一個包容性的組織，不同社會力量的政治參與日漸出現。[23] 這些政治發展表明，組織化皇權與民主並非格格不入的，這也是中國政治發展具有中國特色、中國模式的原因。

3. 內部「三權」與「以黨領政」的政治體制

隨着國家監察委員會成立，中國正在形成一個內部「三權」分工合作、以黨領政的政治體制，這是中國共產黨自我革命的最新政治創新重大成果。這個體制的形成與中共領導人提出的「廣義政府」

23　Zheng Yongnian, The Chinese Communist Party as Organizational Emperor: Culture, Reproduction and Transformation, London and New York: Routledge, 2010, p177.

理論有密切關係：「中國歷史傳統中，『政府』歷來是廣義的，承擔着無限責任。黨的機關、人大機關、行政機關、政協機關以及法院和檢察院，在廣大羣眾眼裏都是政府。在黨的領導下，只有黨政分工，沒有黨政分開，對此必須旗幟鮮明、理直氣壯，堅定中國特色社會主義道路自信、理論自信、制度自信、文化自信。」[24]

　　黨政關係可以說是近代以來中國政治最為核心的問題，「廣義政府」的一個理論貢獻在於，執政黨本身也是「廣義政府」內在的一部分，而傳統上執政黨則被置於政府之外，似乎執政黨是一個獨立於政府之外的政治過程。「廣義政府」的定義更符合中國政治的實踐，因為執政黨和其領導的政府處於同一個政治過程，並且是這一過程不同環節中的最重要的「利益定義者」和「利益相關者」。或者說，中國共產黨不僅僅是中國整個政治過程的主體，更是這個過程本身的塑造者。黨的十九大報告和黨章修改說明更是明確了中國共產黨的領導權，即「黨政軍民學，東南西北中，黨是領導一切的」。[25]

　　在「廣義政府」的制度下，如何體現「以黨領政」體制呢？從中國共產黨的制度設計和實踐趨向看，就是要處理好內部三權之間的

24　2017 年 3 月 5 日，時任中共中央政治局常委、中央紀委書記王岐山在參加十二屆全國人大五次會議北京代表團審議時，提出了上述「廣義政府」理論（可參見：《王岐山參加北京團審議》，新華每日電訊 3 版，2017 年 3 月 6 日，鏈接如下：http://www.xinhuanet.com/mrdx/2017-03/06/c_136105439.htm）。　在　此之前，王岐山就已經談到了「廣義政府」。2016 年 12 月 1 日，王岐山在釣魚台國賓館會見美國前國務卿基辛格時，就提到「完善國家監督，就是要對包括黨的機關和各類政府機關在內的廣義政府進行監督。」（可參見：《王岐山會見基辛格》，新華網，2016 年 12 月 1 日，鏈接如下：http://www.xinhuanet.com/politics/2016-12/01/c_1120035206.htm）。

25　習近平. 決勝全面建成小康社會　奪取新時代中國特色社會主義偉大勝利 ——在中國共產黨第十九次全國代表大會上的報告 [M]. 人民出版社，2017: 20.

分工、協調和合作關係，即決策、執行、監察。內部三權分工和合作體制是根據中國傳統和現代政治體制的制度創新或者再造。在十八大之前，執政黨所要解決的是「黨政不分、以黨代政」的問題。十八大以來，儘管沒有公開明確討論黨政關係，但在實踐方面不斷推進政治制度創新，主要包括以下幾個方面：

首先，最重要的是明確「以黨領政」，即黨的領導地位的「法理化」。「廣義政府」概念意在釐清黨和政、黨和軍、黨和法等的關係。在「基層」方面，則表現在黨在企業（包括國企和民企）、社團組織、基層農村等組織中的正式法理位置。一個簡單明瞭的事實是，既然黨從來沒有離開過任何組織，到今天為止無所不在，那麼就不能忽視黨的存在。一個理性的做法就是給黨一個法理的領導位置。黨的十九大報告和黨章修正說明對黨和其他組織、實體的關係說得非常明確，可以說涵蓋了「以黨領政」（黨政關係）、「以黨領經」（黨和經濟的關係）、「以黨領社」（黨和社團的關係）等方面。

其次，監察權的建設。十八大之前，黨的紀律檢查委員會和政府之間的關係沒有理順和處理好。黨的紀律檢查委員會屬於黨的機構，其有足夠的政治權力，但在執行過程中沒有足夠的法理依據（例如對黨政幹部的「雙規」）。同時，設置在政府（國務院）的監察部既不夠權力又缺少獨立性，很難對政府實施有效的監督，往往是左手監管右手。國家監察委員會則是通過整合黨政這兩方面的組織，重建監察權。國家監察委員會從屬於最高權力機關即全國人大，但獨立於執行機關即國務院，在內部是獨立一極權力。

再次，更為重要的是「大法治概念」的確立。十八大四中全會確立的「法治」改革中的「法治」並非學術界所討論的狹義法治概念，即立法和司法領域，而是廣義法治概念，因為其適用範圍更為

廣泛，包括執政黨本身在內的所有組織機構和個人。「大法治」極其重要，因為法要調節內部三權（決策、執行和監察）之間的關係。

「以黨領政」體制下的三權分工、協調和合作制度架構基本確定。可以預見，今後相當長的一段時期裏，如果不發生激進民主化或者革命，中國政治制度的改革、調整和調適都會在這個架構內進行。或者說，這三權的分工與合作構成了中國未來改革的宏觀制度背景。

（二）獨特的經濟模式 ──「三層市場」結構與社會主義市場經濟

1.「三層市場」結構與中國當代的經濟奇跡

中國創造了現代世界經濟史上一個超大規模社會長達 40 年增長的「經濟奇跡」。學者們曾試圖運用各種以西方發展經驗為語境而發展出來的概念和理論來解釋中國的經濟奇跡。然而，他們發現很難使用任何既有的西方經濟學概念和理論來圓滿地解釋這一奇跡。儘管學者們了解中國崛起的早期中國經濟改革的特定政治和制度背景，但他們傾向於認為中國正在從計劃經濟向西方式的市場經濟轉型。目前，越來越多的有關中國政治經濟體系的文獻都將中國視為正處於「轉型」中，明確暗示中國不可避免地發展成為一種西方式的市場經濟體。

其實，無論東方還是西方，政治經濟體系的核心問題都是：是否把經濟（商業）活動視為政治事務和國家的責任。西方經濟發展問題和社會問題的根源就是政治和經濟的分離，資本依靠國家的力量而成長，形成了統一的民族市場。但當資本成長之後，便走上了

尋求「自治」之路，即要逃離政治的制約而去尋求自身獨立的發展，這樣商人成為了政治的基礎，控制了政府。而資本尋求獨立的過程，也造成了經濟、政治和社會等諸關係的急劇變化，造成了實際層面的政治和資本的合一。對中國傳統來說，經濟發展一直是政府的責任，這一點不僅不會放棄，而且會更加鞏固。經濟發展是政府的內在責任是中國經濟哲學的內核。

從宏觀視角剖析中國的經濟模式可以看出中國經濟制度一直以來存在三個市場，或者說三層資本：頂層永遠是國家資本，底層的是自由的民間資本像今天的中小企業，而中間層則是國家跟民間互相合作、互相博弈的這一部分。在這個結構中，一些關係到國民經濟支柱的領域，國家一定要佔主導地位，但是大量的經濟空間會放給民間自由資本；而在中間層，政府和民間資本積極互動，有合作也有競爭。[26] 通過這樣三層的資本結構，政府維持與市場之間的平衡，並履行經濟管理的責任。上述三層資本共存的結構也決定了在中國，市場一定要服從國家治理的規制，即「制內市場」。

中國的三層結構經濟體的優勢在於能夠預防大的經濟危機、能夠建設大規模的基礎設施、能夠大規模有效扶貧等。首先，國家繼續控制包括重工業、能源和基礎設施在內的關鍵產業。但是，國有制並不意味着國家控制。在很多情況下，儘管國家在「制高點」上保留了對許多企業的控制性所有權，但中央政府對於中央國有企業的運營幾乎沒有形成有效和直接的控制。其次，在許多競爭性經

---

26 Yongnian Zheng and Yanjie Huang, Market In State: The Political Economy of Domination in China, Cambridge and New York: Cambridge University Press, 2018.

濟領域允許私有制。的確，私營企業已成為經濟體系的支柱。大部分經濟增長歸功於私營部門。其三，市場可以根據供需的力量自由分配國家的資源。它展示了通常與資本主義經濟相關的效率、增長和剩餘價值的生產的基本特徵。值得注意的是，雖然自由市場在很大程度上取代了經濟活動中中央對經濟的計劃的角色，但政府仍然通過「指令性規劃」指導國民經濟的整體發展。

不同於西方經濟理論中的供求關係，中國的國家跟市場基本上是相對平衡的，並且中國的經濟模式特別強調政府的角色。這樣的一種經濟模式，可以歸納為「混合經濟模式」，在這個模式裏，國有部門和非國有部門要保持平衡。在中國，很長的歷史時期，總有一個強大的國有部門，國家對關鍵經濟領域起着直接作用，承擔着國家的眾多職能，包括公共基礎設施的建設、應對隨時發生的各種各樣的危機、平衡市場的力量等。因為中國有一個強大的國有部門，像西方那樣的私有化在中國不會發生。中國的經濟只有一部分是私有化。全面的國有化和全面的私有化都不是中國經濟的常態，混合經濟模式才是中國經濟的常態。

2. 社會主義市場經濟平衡了不同階層之間的矛盾

中國這種混合經濟模式在性質上被概括為「社會主義市場經濟」。在現代市場經濟的歷史上，很難看到同中國市場經濟發展類似的案例。在西方經濟學的經典文獻中，也很難找到可以為中國市場經濟進行的嚴格學術論證。因此，對於甚麼是社會主義市場經濟，無論在理論上還是時間上，都需要不斷探索。中國社會主義市場經濟這種發展模式既區別於中南美洲一些國家的市場經濟發展模式，又區別於東歐國家和俄羅斯的市場化道路，也與日本和東亞的

所謂政府主導型市場經濟模式不完全一樣。中國市場經濟發展模式的獨特之處，就是在市場化改革和發展的過程中，不放棄公有制為主體的基本方針，又堅持多種所有制共同發展，在中國共產黨的堅強領導下，國家的經濟控制力量和政府管理始終發揮主導性作用。這是一種以政治領導為基礎的國家主導型市場經濟模式。這種以政治領導為基礎的國家主導型市場經濟模式，與中國作為一種政治驅動型的後發現代化模式是緊密相聯的，也可以說它構成了政治驅動型的後發現代化模式的一個有機組成部分，甚至是其核心內容。[27]

　　雖然社會主義市場經濟是多種所有制共同發展，但是社會主義公有制的主體地位決定了整個社會生產方式的社會主義性質，也決定了社會主義市場經濟的目的是人的發展而不是資本的發展。鄧小平在開放改革時就設計了經濟制度的基礎，「社會主義＋市場經濟」。社會主義講的是公平，但是這個公平過去在中國被錯誤理解為平均。鄧小平認為中國的基礎制度是社會主義多勞多得，但是要走市場經濟的道路。市場經濟就會有資本槓桿，社會貧富差距大主要是資本槓桿造成的，不是勞動形成的。比如，你可以擁有 100 億，我只擁有 10 萬，我們都盈利 10％，那你盈利了 10 億，我盈利了 1 萬。中國的社會主義市場經濟制度，就是要在資本和勞動之間牽制着，達到一定平衡。這個平衡由誰來實現？其中涉及的利益分配衝突如何控制？只能靠政府來改革。因此，中國必須要有一個強有力的政府控制着，使國家不要出現混亂。所以，中國共產黨堅持其核心領導原則，要改革、要開放、要發展，但是不能出現混亂，

---

27 胡偉等著 . 現代化的模式選擇：中國道路與經驗 [M]. 上海：上海人民出版社，2008: 120.

一定要有一個強有力的政府來管住。國家資本的錢是誰的？是人民的。政府怎麼還給人民？修路，高速鐵路、高速公路等等基礎設施建設，還有社會建設和讓人民脫貧。比如，西藏修了高速鐵路，能賺錢嗎？作為資本家是不會投資的。中國的高速公路、高速鐵路轟轟烈烈地建，這是國家在推動建設，人民受惠了，這樣平衡了不同階層人民之間的矛盾。

通過政府和公有制來平衡資本對社會階層的分化力量，解決了中國是「中國特色社會主義」而非「中國特色資本主義」的問題。儘管中國在朝向市場經濟體轉變，但國家持續強調國有企業應當在國家經濟結構中佔據中心位置。中國領導層堅持強調市場化是中國經濟改革的方向，但也重申國有資產是中國獨特的經濟體系和「社會主義市場經濟」的「支柱」和「基礎」。迄今為止，這條堅持在生產資料公有制的前提下進行的經濟改革路線被實踐證明是行之有效的。

三、全球化視角下的中國模式 —— 通往現代化的中國方案

在全球化的今天，中國模式和其他模式的互動更為頻繁，或主動地向其他模式學習，或被動受其他模式影響。[28] 但是始終遵循和平發展的外交政策，倡導建立人類命運共同體，打破了西方「國強必霸」、「零和博弈」等思維。從總體上看，中國與很多發展中國家處於大致相同的國際環境，具有相似的境遇，會比西方模式更有借鑒性。那麼，中國模式在受到其他各種模式影響的同時如何在變化中保持自身特色，同時中國模式能否成為廣大發展中國家成功模仿的對象[29]，回答這兩個問題需要通過全球化的視角進行解答，同時這也是對中國模式是否具有世界性意義的解答。

（一）「中國模式」是對世界發展模式的綜合創新

對中國模式的世界性意義的研究，既不能過分強調「中國模式」的獨特性，從而割裂「中國模式」與世界其他發展模式之間的聯繫；也不能過分否認「中國模式」的獨特性，把「中國模式」等同

28　鄭永年 . 從宏觀角度認識「中國模式」[J]. 中外企業文化，2010(8).

29　鄭永年 . 大歷史大視野下的中國道路 [J]. 人民論壇，2012-12-15.

於對「新自由主義」等其他西方發展模式的照搬照抄。應該從客觀中立的角度看待中國模式,它是對世界其他發展模式的綜合創新。

1. 對「蘇聯模式」的反思

早在 20 世紀 50 年代,毛澤東曾經反思蘇聯模式,力圖探索適合自己發展的新道路,但未能將正確的主張堅持到底,發展到了「大躍進」和「文化大革命」,給黨和國家造成了巨大損失。十一屆三中全會後,鄧小平領導中國共產黨再次反思蘇聯模式,走出了具有中國特色的社會主義道路,初步形成了「中國模式」。

對「蘇聯模式」的反思首先是對「階級鬥爭」問題的反思。如何看待在社會主義條件下的階級鬥爭?是蘇聯模式的重要問題之一。黨的十一屆三中全會分析了我國社會主義條件下的基本矛盾和主要矛盾,把黨和國家的工作重心轉移到經濟建設上來,對我國現階段的階級鬥爭作出科學判斷。「在剝削階級作為階級消滅以後,階級鬥爭已經不是主要矛盾。由於國內的因素和國際的影響,階級鬥爭還將在一定範圍內長期存在,在某種條件下還有可能激化。既要反對把階級鬥爭擴大化的觀點,又要反對認為階級鬥爭已經熄滅的觀點。」[30]

其次,是對「所有制」問題的反思。社會主義是否等於「清一色的公有制」?黨的十一屆三中全會以後,中國共產黨徹底突破蘇聯模式的框架,對社會主義所有制問題作了新的思考。黨的十五大進一步明確肯定公有制實現形式的多樣化,明確肯定非公有制經濟

30　中共中央黨校教務部編.十一屆三中全會以來黨和國家重要文獻選編 [M]. 北京:
　　中共中央黨校出版社,2008: 112.

是我國社會主義市場經濟的重要組成部分。提出對個體私營等非公有制經濟要繼續鼓勵、引導，使之健康發展。十八屆三中全會在以往論述的基礎上，再次指出：非公有制經濟在支撐增長促進創新、擴大就業增加稅收等方面發揮了重要作用。堅持權利平等、機會平等規則平等，廢除對非公有制經濟各種形式的不合理規定，消除各種隱性壁壘，制定非公有制企業進入特許經營領域具體辦法。[31]

最後，是對計劃和市場關係的反思。社會主義是否等同於「大一統的計劃經濟」？十一屆三中全會後，針對蘇聯模式的僵化觀念，我們黨對社會主義與市場的關係作了新的思考。在視察南方的講話中，鄧小平針對長期以來人們把計劃經濟等同於社會主義，把市場經濟等同於資本主義的傳統思想觀念，指出：計劃和市場都是經濟手段，它們本身沒有姓「社」姓「資」的區別。「計劃多一點還是市場多點，不是社會主義與資本主義的本質區別。計劃經濟不等於社會主義，資本主義也有計劃；市場經濟不等於資本主義，社會主義也有市場。計劃和市場都是經濟手段。社會主義的本質，是解放生產力，發展生產力，消滅剝削，消除兩極分化，最終達到共同富裕。」[32] 黨的十四大根據鄧小平的建議，明確把建立社會主義市場經濟作為經濟體制改革的總目標。黨的十四屆三中全會進一步描繪了社會主義市場經濟體制的藍圖和框架。至此，蘇聯模式的僵化計劃經濟觀念被徹底打破。

31　中共中央關於全面深化改革若干重大問題的決定 [M]. 北京：人民出版社，2013: 11.

32　鄧小平文選 (第三卷) [M]. 北京：人民出版社，1993: 373.

2. 對「英美模式」的吸收

「英美模式」又稱「盎格魯—撒克遜」(Anglo-Saxon) 模式，其核心是新自由主義，在政策取向上充分體現在「華盛頓共識」上。人們對社會政治和道德的總體認識，就是個人主義和自由主義。有人認為，中國改革開放以來的成功正是因為中國走了新自由主義的路子，這和現實並不吻合。

從政治層面看，在中國政治體制的改革中，始終注意汲取西方政治文明發展的成果。比如，英美國家民主選舉的制度注重法制的精神、輿論監督的方法、國家公務員制度、退休制度、廉政制度等等，都先後被我們所吸收借鑒。但是「我們的社會制度是根據自己的情況決定的」，「要求全世界所有國家都照搬美英、法的模式是辦不到的……中華人民共和國不會向美國學習資本主義制度」。[33] 具體來講，中國模式的政治體制不同於英美模式的鮮明特點：一是堅決不搞多黨制，共產黨是中國唯一的執政黨，民主黨派與共產黨不是對立的競爭關係，而是合作者和監督者的關係。二是強調決策、執行、監察內部三權分工與合作，不搞「三權分立」和「兩院制」，實行人民代表大會制度，多黨合作與政治協商、民族區域自治以及基層群眾自治相結合。三是不搞「聯邦制」，中央統一領導與強調地方積極性相結合，「自上而下」與「自下而上」相結合，協商與參與相結合，逐漸推進社會主義民主政治建設。

從經濟層面講，在改革開放的進程中，中國十分注重西方發達國家發展市場的經驗。鄧小平曾指出，人類文明成果本身並沒有階級性，資本主義可以用，社會主義也可以用。我們「要弄清甚麼是

33　鄧小平文選 (第三卷) [M]. 北京：人民出版社，1993: 359-360.

資本主義。資本主義要比封建主義優越。」[34] 社會主義要贏得與資本主義相比較的優勢，就必須大膽吸收和借鑒人類社會創造的一切文明成果，吸收和借鑒當今世界各國包括資本主義發達國家的一切反映現代社會化生產規律的先進經營方式、管理方法。

3. 對「北歐模式」的借鑒

「北歐模式」（The Nordic Model）又稱「萊茵模式」，是第二次世界大戰後形成的，以北歐各國為主要代表的資本主義現代化發展模式。在這種模式下，國家對資本累積的直接干預程度可能比較小，但政治體制嚴格地確立了一整套勞工權利和福利措施，使得有組織的勞工擁有了一個頗能影響市場和直接參與勞資談判的能力，而社會民主或基督教民主成為其主流文化。通常將其稱為「談判或協商的資本主義」或「歐洲福利資本主義」。[35] 中國十分注意借鑒「北歐模式」的經驗，始終把提高和改善民生放在首要地位。雖然中國模式對北歐模式有着多方面的借鑒，但二者也有本質的區別。

首先，兩種模式都強調民主的價值，但其理論基礎和實現途徑不同。「北歐模式」以民主社會主義為其理論基礎，認為無產階級專政是極權主義、專制主義，主張各黨通過競爭爭取選票，贏得多數選票的政黨最後組成政府，上台執政。其次，兩種模式都強調混合所有制，但其前提和基礎有着本質區別。北歐模式仍然是以資本主義私有制為基礎，並維護以按資分配為主體的收入分配制度。而中

34　鄧小平文選（第三卷）[M]. 北京：人民出版社，1993: 351.

35　[英] 戴維‧柯茨. 資本主義的模式 [M]. 耿修林，宗兆昌譯，南京：江蘇人民出版社，2001: 13.

國的社會主義市場經濟堅持以公有制為基礎，多種所有制經濟共同發展的基本經濟制度。最後，兩種模式都強調效率和公平的關係，但二者實行的程度不同。北歐各國在經濟發展中高度重視效率，一方面通過調整產業機構，淘汰設備陳舊、效率低下的企業，另一方面增加對高新技術企業的投資優惠力度。同時，北歐國家最為典型的特徵是其高福利的制度和政策，醫療、教育等方面全民公費，無論城鄉，不分人羣，一律平等。通過高稅收等政策制約暴富階層的形成，使貧富差距不致過大。我國也十分重視效率和公平的關係，十九大報告進一步強調，要讓改革發展成果更多更公平地惠及全體人民。這與北歐模式的舉措無疑是相似的，但是我國人口多、底子薄，稅收制度還在探索中完善，沒有辦法達到北歐模式的福利水平。

4. 對「東亞模式」的學習

「東亞模式」是指戰後日本與亞洲「四小龍」（韓國、中國台灣地區、中國香港、新加坡）所經歷的經濟持續增長及其所依賴的「發展型政府」運作方式，它是一種政府主導的超趕型現代化模式。這種模式對中國模式的形成有很大的啟發。

一方面，保持政府在經濟發展中的強勢地位。東亞國家和地區經濟上起步較晚，基礎薄弱，資金匱乏，勞動力素質低，要在這種條件下迅速累積資本，並對有限的資源進行合理、有效的配置，就需要權力高度集中，實行高效的集權體制領導。行政權力大於立法權力，這一特點在韓國和新加坡都有突出表現。中國也一直強調共產黨的領導是立國之本，改革的前提是穩定，強調集中力量辦大事。黨的十八大以來，習近平也強調要「着力維護黨中央權威」。這與東亞國家始終保持政府的強勢地位頗為相似。

另一方面,超趕型、外向型發展戰略和策略。第二次世界大戰後,東亞國家藉助政府力量,採取鼓勵措施,影響要素的投入與配置,促進產業機構的調整與升級。增加國民儲蓄,使東亞地區成為世界上儲蓄水平最高的地區,為經濟發展提供了堅實的基礎。同時,利用豐富且低廉的勞動力資源,發展勞動密集型產業,積極扶持出口工業和發展出口貿易,帶動經濟增長,使東亞國家僅用了30年左右的時間,走完了老牌資本主義國家幾百年的發展道路,創造了「東亞奇跡」。[36]中國改革開放之初,就主動與東亞各國建立和加強聯繫,一方面建立經濟特區,引進外國資金、技術、人才,大力發展外向型經濟,另一方面,鼓勵民間資本的集聚,發展民營經濟。

5. 對「拉美模式」的警戒

「拉美模式」是指阿根廷、墨西哥、巴西、智利等拉美新興市場國家,依靠美國等西方發達國家的一種依附型發展模式。依附性是拉美模式的基本特徵,拉美模式的基礎在於國際分工下形成的世界經濟體系。「拉美模式」作為發展中國家的現代化模式,一度取得顯著成效,但緊接着形勢急轉直下,陷入困境,國際社會通稱「拉美陷阱」。在「中國模式」的形成過程中,始終以拉美模式為教訓,強調發展的公平正義,防止掉入「陷阱」。

「拉美模式」在20世紀30年代至50年代,通過推行初級進口替代工業化戰略,建立本國的非耐用消費品工業體系,實現輕工業產品的自給。到了20世紀50年代初期,拉美國家開始有計劃地促

---

36 成龍. 國外中國模式研究評析 [M]. 北京:人民出版社,2018: 211.

進國內民族工業的發展。這一戰略使得許多拉美國家建立起現代工業體系，實現了國民經濟部門結構的巨大變化。到了 20 世紀 60 年代中期，由於國際游資比較充裕，拉美大借外債發展經濟，形成了對外債的嚴重依賴，特別是 20 世紀 70 年代，拉美政府和企業主要借由國際私人銀行提供的以浮動匯率計息的中短期貸款，利率每升高一個百分點，拉美國家就得增加數十億美元的利息支出。到了 1982 年，由於外債總額超過了償還能力，爆發了一場遍及整個拉美大陸的債務危機。經濟衰退導致了失業問題嚴重、貧困現象突出，城鄉發展嚴重失衡。[37]

有鑑於拉美模式的教訓，中國在改革開放中，始終堅持獨立自主與開放相結合。一方面，順應全球化的趨勢，廣泛吸納世界先進經驗和技術，另一方面，又堅決拒絕新自由主義主導的「休克療法」，堅持國家對經濟的宏觀調控，不搞私有化、自由化，堅持走共同富裕的道路。習近平指出：「防止陷入『中等收入陷阱』。國際上特別是拉美國家的教訓表明，民粹主義是造成『中等收入陷阱』的根源。它有兩個突出特點，一是政治上搞盲目民主化，意見紛雜，無法集中力量辦事；二是過度福利化，用過度承諾討好民眾，結果導致效率低下、增長停滯、通貨膨脹，收入分配最終反而惡化。我們要堅持從實際出發，收入提高必須建立在勞動生產率提高的基礎上，福利水平提高必須建立在經濟和財力可持續增長的基礎上。」[38] 這段論述，集中反映了中國模式對拉美模式的態度。

---

37 成龍. 國外中國模式研究評析 [M]. 北京：人民出版社，2018: 127.

38 中共中央文獻研究室編. 習近平關於社會主義社會建設論述摘編 [M]. 北京：中央文獻出版社，2017: 18.

綜上所述，從全球視角看，「中國模式」本質上是一種綜合創新模式，不僅汲取了當今世界發展模式的經驗和優點，更結合中國實際，避免了世界發展模式中的教訓和弊端，因而獲得了其他發展模式所不具備的獨特性和優越性，這是中國模式能夠持續穩定發展的原因所在。

（二）中國模式提供了通往現代化的另一種選擇

1. 中國模式激發了科學社會主義的生機活力

甚麼是社會主義，怎樣建設社會主義？社會主義的優越性應體現在哪些方面？這是國際共產主義運動史上的重大難題。馬克思和恩格斯根據歐洲革命的實踐，創立了科學社會主義的一般原理，從邏輯上對未來社會進行了設計。20 世紀初期，列寧領導俄國無產階級突破帝國主義的東方戰線，建立了世界上第一個社會主義國家，並在理論和實踐上對社會主義進行了多方面的試驗，提出了包括「新經濟政策」在內的多種方案，但由於列寧去世過早，加上戰爭的迫近，「新經濟政策」實施不久就被宣佈停止。第二次世界大戰結束後，南斯拉夫保加利亞、東德波蘭、匈牙利等東歐社會主義國家試圖借鑒蘇聯模式正反兩方面的經驗，尋找適合本國特點的新路，但迫於冷戰時代外部環境的壓力，最終被扼殺。20 世紀 80 年代到 90 年代初，改革再次成為整個社會主義國家洶湧的浪潮。然而，最終的結果卻是東歐劇變蘇聯解體。一時間，社會主義「失敗論」、馬克思主義「過時論」，似乎成了顛撲不破的真理。也正是在這個關鍵時刻，中國共產黨牢牢把握改革的主動權，堅守社會主義的改革方向，力挽狂瀾，改變了世界社會主義的命運，中國成

為世界社會主義的橋頭堡，把世界社會主義運動推向一個嶄新的階段。[39]

中國特色社會主義顯示出多方面的優越性。首先，在中國，共產黨是唯一的執政黨，不搞多黨制。同時，中國實行人民代表大會制度。這種體制避免了政治紛爭，減少了政治運行的成本，能在較短時間動員民眾集中力量辦大事，有效維護社會穩定。其次，社會主義與市場經濟的有效結合使各種經濟因素混合發力，相互補充，確保了社會健康有序的競爭和發展環境，創造了四十年持續發展的奇跡。再次，堅定地奉行「共同富裕」的發展目標，不斷促進社會「公平正義」，同時強調初次分配和再分配都要處理好效率和公平的關係，再分配更加注重公平。

2. 中國模式為人類未來發展提供了中國智慧

人類未來向何處發展，是國強必霸、對外擴張還是和平發展、合作共贏？在以西方為主導的世界中，一直以來遵循着國強必霸的冷戰思維。然而，中國的和平發展為人類未來的發展提供了一種不同於西方發展模式的中國方案。正如中共十九大報告所概括的，隨着中國特色社會主義進入新時代，中國特色社會主義拓展了發展中國家走向現代化的途徑，給世界上那些既希望加快發展又希望保持自身獨立性的國家和民族提供了全新選擇，為解決人類問題貢獻了中國智慧和中國方案。

20 世紀上半葉，如何實現發展中國家的現代化，成為一個世界性的研究課題。20 世紀五六十年代興起於西方的「現代化理論」

39　成龍. 國外中國模式研究評析 [M]. 北京：人民出版社，2018: 327.

斷言，發達國家的今天就是發展中國家的明天，後發國家唯一的選擇就是全盤西化，其實質在於建立一種以資本主義私有制度、自由市場制度、政治民主分權型現代國家機構為基本要素的發展模式。20 世紀 60 年代末出現的「依附理論」(Dependency Theory) 則以拉丁美洲、非洲等發展中國家為研究對象，把發展中國家欠發展和低度發展的原因歸之於世界資本主義體系，認為發展中國家只有切斷與發達資本主義國家早期形成的依附性關係，擺脫其外圍受剝削的地位，才能走上自己的現代化之路，獲得真正的發展。20 世紀 70 年代，由美國著名歷史學家沃勒斯坦提出的「世界體系理論」(World System Theory)，把外部動力和條件提升到理解現代化的「關鍵鑰匙」的地位，認為在整個現代化的進程中西方國家處於「核心」的地位，非西方國家則處於「邊緣」的地位，「核心」和「邊緣」共同構成了世界體系並成為這一體系的兩極，現代資本主義世界體系正是建立在「核心」和「邊緣」的不平等交換基礎之上的，「核心」地區攫取了「邊緣」地區的剩餘價值。正是不平等的交換造成發展中國家的貧窮落後，也形成發達國家的資本累積。第三世界國家要想克服資本主義世界體系的弊端，走出歷史的困境，唯一的出路是通過本國的民族解放運動，同時配合發達國家內部的社會運動，形成所謂反體系運動，消滅不平等的交換關係。[40]

然而，從世界範圍的實踐效果來看，除極少數發展中國家和地區，如亞洲「四小龍」，利用後發優勢抓住了歷史機遇，實現了經濟高速增長，步入現代化殿堂之外，大多數發展中國家至今仍然步履蹣跚，艱難地摸索着自己的現代化之路，常常陷入巨大困境。據聯

40　成龍 . 國外中國模式研究評析 [M]. 北京：人民出版社，2018: 325-326.

合國統計，1971 年世界上有 25 個國家被列為不發達國家，2002 年已增至 49 個。[41] 發展中國家如何實現現代化的時代課題並沒有得到真正的解決。中國作為世界上最大的發展中國家，一方面，廣泛吸納和借鑒世界現代化的有益經驗吸引了世界大量的資金、技術、人才，以及各方面的管理經驗。另一方面，中國堅定不移奉行獨立自主，自力更生的方針。既把握發展規律，審慎行事穩紮穩打，又大膽地幹，大膽地闖，創新發展理念，轉變發展方式，破解發展難題；既考慮改革的經濟效率，又兼顧社會公平正義，正確處理改革發展穩定的關係；既堅持人民的主體地位，把人民利益放在首要位置，尊重群眾的首創精神，又強調加強黨的領導，提高黨的執政能力，根據時代特點和實踐的具體要求，不斷調整發展戰略，開闢了發展中國家走向現代化的新路。

隨着全球化進程的不斷深入，世界進入多元模式競爭的時代。全球化是一個複雜的世界歷史進程，它絕不僅僅是全球一體化的過程，更不是國家和民族日趨削弱的過程，而是一體化與多元化、同質化與異質化在對立統一的矛盾運動中交織發展的進程。全球化為中國模式的形成提供了重要的歷史機遇，中國模式取得的成功也必然影響全球秩序重組。

「中國模式」為實現世界共同發展創造了諸多機遇。歷史一再證明，封閉最終只能走進死胡同，只有開放合作，發展的道路才能越走越寬。大國在這方面承擔着重要而特殊的責任。中國作為負責任的大國，尊重各國選擇社會制度和發展模式的自主權，推動不同

---

41 宋利芳，熊昆. 經濟全球化時代的後發優勢與發展中國家的對策 [J]. 世界經濟研究，2003(8).

文明友好相處、平等對話、發展繁榮，共同建構一個和諧世界。在全球化框架內討論中國模式的世界意義，豐富和發展了世界發展模式，也必將為人類文明不斷地走向繁榮與發展作出自己的貢獻。

歷史地看，中國模式是從中國不斷探索現代化道路的過程中孕育而生的，因此可以圍繞「國家—發展—制度」的基本理論框架，從近代以來中國現代化道路探索的過程解碼中國模式的形成與發展。中國模式的起點或者現代化發展的歷史經驗是先解決「國家與發展」的優先次序問題，先解決國家問題，再解決發展問題，而漸進主義式的制度改革或者改進則貫穿於整個過程。將外來侵略者趕出中國建立一個主權獨立的國家，通過革命的方式實現國家內部的統一併建立一個基本的政治秩序，這是中國進行現代化的基礎性前提，也是中國模式的邏輯起點。在「國家」的問題解決之後，「發展」的問題被提上日程。新中國成立後，在一段時間裏，毛澤東用「繼續革命」的手段來解決「發展」問題，但並沒有預想的成功。改革開放後，中國恢復了基本的政治秩序，在此基礎上按照經濟改革、社會改革、政治改革的「三步走」發展議程進行現代化建設，取得了巨大成就。中國特色社會主義進入新時代，以內部國家制度的持續形塑和改革創新為主要動力，推動着中國模式不斷煥發新的生命力。

第二章

中國現代化道路的探索與
中國模式的形成

一、建立一個有序的獨立國家 —— 中國模式的邏輯起點

（一）在劇變的世界中尋找方位

1840 年的鴉片戰爭開啟了中國的近代歷史，也是中國探索現代化之路的開端。從「天朝上國」的姿態到被迫「睜眼看世界」，中國社會中保守的、改良的、激進的力量相互角逐，都在尋找中國的救亡圖存之路。中國近代以來的歷史貫穿着中國人不斷找尋中國在世界歷史中失落地位的努力。在面臨「亡國滅種」的驚世危機時，中國人不得不作出反應，去探索自強之路。

第一次鴉片戰爭爆發後，中國人還處於麻木狀態，還沒有意識到自身面對的是一個被工業文明武裝起來的軍事強敵，更沒有意識到這將是改變中國歷史發展軌跡的將要被載入史冊的重大歷史事件。馬克思曾寫道：「一個人口幾乎佔人類三分之一的大帝國，不顧時勢，安於現狀，人為地隔絕於世，並因此竭力以天朝盡善盡美的幻想自欺。這樣一個帝國注定最後要在一場殊死的決鬥中被打垮：在這場決鬥中，陳腐世界的代表激於道義，而最現代的社會的代表卻是為了獲得賤買貴賣的特權。」[1] 梁啟超曾對中國人面對突

1　馬克思恩格斯選集 (第 1 卷) [M]. 北京：人民出版社，2012: 804.

如其來的變故時的反應作出描述：「自甲午以前，吾國民不自知國之危也。不知國危，則方且岸然自大，偃然高臥。故於時無所謂保全之說。」[2] 直到 1860 年，第二次鴉片戰爭後，中國的有識之士才幡然醒悟，開始去正視之前被作為「西洋蠻夷」的堅船利炮，這也是兩次鴉片戰爭對清政府最大的思想震動。此時，清政府對來自王朝內部危機的驚懼遠遠超過來自外部的危機。太平天國運動說明清政府的合法性遭到了來自民間（社會底層）人民的反對，這是行將就木的王朝走向滅亡的加速劑。太平天國運動遭到來自清政府與外部勢力的聯合絞殺有其歷史必然性，再加上農民階級意識的狹隘性終導致太平天國的人亡政息。洋務運動從學習西方的技術開始，開啟了中國的現代化之路。當時提出「師夷長技」，用現代的語言，就是想搞一點「防衛性現代化」，以應付內外挑戰。[3] 洋務運動從學習西方的技術開始，又以學習西方的軍事技術為主，但始終未形成西方近代的科學觀，也未動搖中國的封建政治體制。中國傳統的維持大一統國家與王朝統治的觀念始終佔統治地位，這使這場中國的早期現代化運動具有很大的局限性。

洋務運動歷經 30 年後，一場中日之間的較量檢驗了洋務運動的成果。甲午戰爭中國被往日的學生打敗，戰爭之敗引發了近代百年歷史上的第一次深刻民族反思，這次反思導向隨後的戊戌維新和辛亥革命。[4] 人們開始轉變思路，從更深層次的制度層面去思考中

2　梁啓超 . 梁啓超文集 [M]. 北京：燕山出版社，2009: 58.

3　羅榮渠 . 現代化新論 —— 中國的現代化之路 [M]. 上海：華東師範大學出版社，2013: 216.

4　陳旭麓 . 近代中國的新陳代謝 [M]. 北京：生活 · 讀書 · 新知三聯書店，2017: 350.

國的出路。以康有為、梁啟超、翁同龢等為代表的士大夫想要從政治制度層面對清政府的統治進行改造，但他們發動的維新運動也不過存在了百日，雖然提出了改革的具體措施但在還未來得及付諸實踐時就夭折了。維新變法中提出的憲政思想並沒有擴大底層民眾的政治參與，也未獲得農民、民族資產階級等的認同。維新變法雖然以失敗告終，但來自外部的刺激從未遠離這個古老帝國。1904-1905 年的日俄戰爭，使清政府再次深受打擊。實行君主立憲的日本小國竟然戰勝了專制政體的俄羅斯帝國。這次進行制度變革的呼聲從清政府的統治階層產生。1906 年清政府下詔預備立憲，憲政改革從改革官制入手。但改革官制從一開始就遇到了阻力，即便皇帝此時具有決心改革的魄力，但來自官僚羣體的反對之聲以及慈禧太后的動搖，使這項改革遲遲不能推進。清朝官僚羣體治理能力的退化正是晚清政府統治危機的內部根源，在這種情況下，有進行官制改革的必要性。但當君權面臨被削弱的危險時，清王朝的統治者又畏縮不前了。最終官制改革雖然增加了幾個新機構，換了幾個新名稱，卻使官場中的積弊愈甚。在立憲派在全國各省發起的請願立憲活動的壓力下，1911 年 5 月，清廷任命了以奕劻為總理大臣的責任內閣。13 位國務大臣中，滿族 9 人（其中皇族 7 人），漢族僅 4 人。時人稱其為「皇族內閣」。1911 年 10 月 10 日，武昌起義爆發。統治中國兩千年多年的封建帝制終於在革命的腥風血雨中落幕。辛亥革命是中國政治由專制邁向民主的重要一步，也為中國在經濟與社會等方面的現代化開闢了新的方向。

要想使擁有着幾千年不間斷文明的大國改變既有觀念，接受外來事物並作出改變，實非易事。因此，從中國的國門被打開到作出反應，再到徹底的變革必然充滿了各方力量的交鋒，其中傳統文

化的因素中既包含着阻礙變革的根深蒂固的力量，也包含着「窮則變，變則通，通則久」的辯證思維。史學家羅榮渠評價道：「晚清士大夫知識分子學習西方的態度表明，中國傳統文化的自足體系的巨大潛在能量以及文化資源之豐富，足以利用『西學』之新去加固中學之舊，或者把絕然不同的西學改裝成一種不中不西的東西。中國傳統文化從來都不是被動吸收外來文化，而是把外來文化加以『中國化』，納入中國固有的思維模式中，以保持中國固有的發展格局與方向。這一固化思維嚴重地阻礙人們去認識新的、未知的事物和世界，故而成為推動現代化起步的沉重精神負擔。」[5] 一直到 20 世紀初，中國仍缺乏現代民族國家的概念，所謂的中國是一種文化概念、心理意識，而非具體的邊疆、領域面積、國民生產總值、人口統計等要素構成的。因為西方世界以強勢的姿態出現，清王朝的統治者們才逐漸產生了中國可能只是世界地圖中的一部分的意識，但這樣的轉變是經歷過慘痛的教訓後才逐漸意識到的。有了這種意識，中國人才開始「求變」。

（二）現代民族國家意識覺醒

在現代國家建構的問題上，比之來自外部世界的影響，根植於本土環境及相應的知識資源的「內部動力」要帶有更為根本的性質。歸根結蒂，外部世界的影響也要通過這種內部動力而起作用。中國現代國家建構的內部動力首先來源於對建立一個統一國家的壓

5　羅榮渠 . 現代化新論 —— 中國的現代化之路 [M]. 上海：華東師範大學出版社，2013: 217.

倒一切的渴望。[6] 辛亥革命打碎了舊的國家體制，但卻沒能在短時間內建立起一套新的國家體制，社會秩序已無法有效運行。從清帝退位，一直到 1927 年北伐統一戰爭結束，期間都未能形成一個統一的中央集權政府。這期間國家內部由相互割據的封建軍閥分而治之。這種內部的不統一成為阻礙中國進行現代化的制度性障礙。這種制度性障礙後來又由於外部日本帝國主義的侵略和內部國共兩黨的不統一一直延續到 1949 年。經歷了近四十年的動盪與此起彼伏的革命才終於建立了一個有序獨立的民族國家。

近代以來，西方國家攫取了中國作為一個獨立主權國家的諸多權力，例如路權、關稅自主權、領事裁判權等。當西方的主權國家思想、民族主義思想、民主思想等在中國傳播時，中國處於民族國家中的後發展中國家地位。當中國人開始進行民族國家建設的時候，中國已經淪為一個半殖民國家，因此，首要的任務是要爭取民族主權。沒有民族主權和國家主權，國家建設就無從談起。因此，無論是孫中山還是蔣介石，以及中國共產黨，無論他們的政治理想多麼不同，對建立一個甚麼樣的民族國家，怎樣組織這個民族國家存在多大差異，但他們對首先要建立一個獨立的民族國家的追求卻是高度一致的。[7]

孫中山領導了資產階級民主革命，並對中國的現代化之路建構了宏偉藍圖。孫中山提出的民主革命綱領「民族、民權、民生」中的第一條便是要實現民族獨立與平等。在孫中山看來這也是「振興

6　[美] 孔飛力.中國現代國家的起源 [M].陳兼，陳之宏譯，北京：三聯書店，2013: 7.

7　鄭永年.中國模式 —— 經驗與困局 [M].杭州：浙江人民出版社，2010: 19.

中華」的前提。1906 年孫中山提出「軍政、訓政、憲政」三階段政治路線圖。但這種程序沒能鞏固共和政體。「三步走」的設想從理論上來說是好的，但沒有實現的條件。在政治體制上，孫中山認為要實行「五權分立」，即西方的立法、行政、司法三權，再加上中國傳統的考取權，監察權。這體現了既要學習西方又要超越於西方體制的宏偉構想。1917 年至 1919 年，孫中山著《孫文學說》（又名《知難行易》的學說）、《實業計劃》、《民權初步》（又名《會議通則》），這三本書被編為從心理建設、物質建設和社會建設三個方面進行資產階級共和國建設的《建國方略》。孫中山提出的建立中國的鐵路系統，建立世界大港，實行對外開放，吸引外資，引進外國人才等思想在當時極具進步意義，具有超前性，但當時中國不具備實現這些宏偉構想的條件。

我國早期探索現代化之路時，知識分子、社會精英建立的政黨，都是浮萍，無法扎根於社會之中，所以總統制、共和制、議會制都是曇花一現。五四運動時期出現了種種主義，有無政府主義、聯邦主義等，但都因為不能為一個統一的民族國家的建設提供可操作性方案而漸漸消失。只有國民黨和共產黨因其有力的組織能力和意識形態，長存於今後的政治舞台上。但在兩黨近三十年的較量中，最終中國共產黨成功完成了重新建立一個統一民族國家的重任，統一了全中國。[8] 國共兩黨的較量雖持續不斷，但在日本帝國主義的侵略使中國陷入亡國滅種之境時，民族矛盾便成為一種主要矛盾。國共兩黨在高漲的民族心理下組成了抗日民族統一戰線，在保衛國家主權，實現民族獨立方面兩黨始終存在共識。

8　鄭永年 . 中國模式 —— 經驗與困局 [M]. 杭州：浙江人民出版社，2010: 25.

（三）思想文化與羣眾運動中的民族救亡主線

從 19 世紀中葉開始的西學東漸過程，由學習西方的器物而及於制度，但這些在西方卓有成效的東西到了中國卻全然變了模樣。當辛亥革命的共和理想被軍閥統治的現實打破後，向西方尋求真理的人們開始由器物和制度層面轉向深入文化心理層面。封建王朝的退場使舊的觀念、習俗、體制⋯⋯也隨之動搖。但袁世凱、張勳借孔子等禮教之名的帝制復辟，再加上中國的知識分子、政治人物對西方制度、文化、科學技術的接觸，全面而徹底的反傳統情緒在文化界蔓延。在探索中國的社會政治出路時，文化界也掀起了一場轟轟烈烈的以反對中國傳統文化為主要任務的思想啟蒙運動 —— 新文化運動。李澤厚曾評價道，新文化運動「在中國數千年的文化史上是劃時代的。如此激烈否定傳統、追求全盤西化，在近現代世界史上也是極為少見的現象。」[9] 新文化運動指向文化，目的在於改造國民性，進行民主思想啟蒙，不關涉政治，但其背後依然關乎國家和民族的前途命運，試圖通過文化改造來改變社會面貌。與之前的洋務運動、戊戌變法、辛亥革命相比，「它仍然既沒有脫離中國士大夫『以天下為己任』的固有精神傳統，也沒有脫離中國近代的反抗外侮，追求富強的救亡主線。」[10] 胡適對待傳統文化的態度，久為所指責，因為他提出了「全盤西化」論。1935 年，他撰寫《充分世界化與全盤西化》，談到「所以我主張完全的西化，一心一意的走向

9　李澤厚 . 啓蒙與舊亡的雙重變奏 —— 中國現代思想史論 [M]. 北京：東方出版社，1987: 1.

10　李澤厚 . 啓蒙與舊亡的雙重變奏 —— 中國現代思想史論 [M]. 北京：東方出版社，1987: 1.

世界化的路」，對於引起的爭議，他改稱「充分世界化」。胡適使用的英文是 Whole-hearted Modernization，即譯作「一心一意的現代化」或「全力的現代化」，或「充分的現代化」[11] 總之，新文化運動使一切舊的、傳統的事物都受到了挑戰，啟發了人們的民主意識，帶來了深刻的思想觀念上的變革。在新文化運動的啟蒙作用下，五四運動成為一場有廣泛羣眾基礎的爭取國家主權的愛國主義運動，新文化運動在後期政治化了。五四新文化運動是中國思想文化上的現代化運動，是新知識分子想要從思想文化的根源上改造中國，推動中國現代化的一次運動，其中始終包含着反對外國資本主義勢力和本國封建主義的鬥爭。西方的各種社會思潮如無政府主義、馬克思主義、實用主義等輸入中國，成為有識之士探索中國現代化出路的思想土壤。五四新文化運動給中國帶來了愛國、進步、民主的精神也帶來了科學精神。沒有科學精神和現代科學在中國的傳播，中國進入不了現代，也不可能有工業化。毛澤東說：「在一個很長的時期內，中國人沒有甚麼思想武器可以抵禦帝國主義，舊的頑固的封建主義的思想武器打了敗仗了，抵不住了，宣告破產了。不得已，中國人被迫從帝國主義的老家即西方資產階級革命時代的武器庫中學來了進化論、天賦人權論和資產階級共和國等項思想武器和整治方案。但是這些東西也和封建主義的思想武器一樣，軟弱得很，又是抵不住，敗下陣來，宣告破產了。」[12] 在實現中國現代化的道路上，知識分子開始逐漸擺脫對西方文明的盲目崇拜和極端排斥的態度，尋求將西方文明與中國傳統結合起來，探索一條中國式的現代

---

11 孟彥弘. 胡適對傳統文化的態度及其「全盤西化論」[N]. 東方早報，2016-10-10.
12 毛澤東選集（第 4 卷）[M]. 北京：人民出版社，1991: 1513-1514.

化道路。富於理性的自主意識的形成是探索中國現代化道路模式在認識上的積極轉變。

（四）歷史的分水嶺 —— 獨立國家的建立和建設

國共兩黨走的兩條不同的道路和採取的不同的策略決定了最終國民黨失敗了，中國共產黨取得了勝利。國民黨使用的是精英策略，依靠的是地方精英，而非民眾。在地方層次，地方民眾被國民黨排斥在政權過程之外。由於地方精英沒有能夠改善地方人民的生活，加上官員的腐化，蔣介石的政權儘管高度集權，但實際上極其脆弱。相反，1921 年中國共產黨成立以後，中國共產黨只能在邊緣地區成長，中國共產黨看到了中國佔人口絕大多數的農民的生存困境及其力量。在中國共產黨的領導下中國革命的進程發生了轉變，主要體現為革命依靠力量的轉變。中國共產黨強調依靠廣大人民羣眾，依靠廣大社會底層人民推翻社會少數上層階級的統治。中國共產黨領導的中國革命是一場民眾參與度很高的革命。中國共產黨走的是「一條自下而上的民族主義建國道路。」[13] 正是這樣一條底層動員道路使中國共產黨取得了革命的勝利。中國共產黨的這一傳統是中國共產黨的立黨之基，中國共產黨始終代表最廣大人民的根本利益。中國共產黨革命時期的底層動員能力到新中國成立後以超強的社會動員能力的形式存在着，並在中國的社會主義現代化建設中發揮着重要作用。

新中國成立後，面臨着怎樣從新民主主義社會向社會主義社會

13　鄭永年 . 中國模式 —— 經驗與困局 [M]. 杭州：浙江人民出版社，2010: 25.

過渡的問題，以及怎樣在經濟文化落後的東方大國建設社會主義的根本任務。在馬克思主義的經典著作中找不到答案。中國不可能在半殖民半封建社會的廢墟上直接建立社會主義，也不可能在半殖民半封建社會與社會主義社會中間再插入一個資本主義社會的階段，因此，只能在新民主主義社會的條件下，逐步向社會主義社會過渡。新中國成立後前 30 年的社會主義建設既有成就也有失誤，這一曲折歷程證明了一個基本的政治秩序對於國家建設的重要性。

1、農業支援工業的原始累積方式

從傳統農業社會向現代工業社會轉變的過程中，也就是農業和工業部門此消彼長的過程。這時農業已經失去了舊的自然經濟條件下的封閉性，與整體社會經濟的發展連為一體。這種聯繫體現在農業對工業化的貢獻和工業化對農業的影響兩個方面。庫茲涅茨就曾指出，欠發達即發展中國家和地區農業部門對工業化乃至整個國民經濟的增長與發展具有提供多種形式貢獻的能力。[14] 發展中國家和地區的經濟發展與現代化，不可能像西方的現代化一樣起源於依賴外部累積，因此，「榨取」農業就成為它們的普遍特徵。不僅中國仿效蘇聯採取農業支援工業化的方式，在整個東亞現代化的過程中很多國家和地區都走過這樣的現代化路徑，例如中國台灣地區和韓國農業都對工業化作出了巨大貢獻。

土地問題貫穿於我國革命、建設與改革的過程中。中國共產黨領導的革命從解決土地問題入手，在 1949 年 10 月到 1952 年的

---

14 董正華主編 . 世界現代化歷程（東亞卷）[M]. 南京：江蘇人民出版社，2015:
255.

三年國民經濟恢復時期通過進行土地改革，使佔中國人口絕大多數的農民擁有了土地。土地改革改變了我國封建和半封建性質的土地所有制關係，建立起了新的農民的土地所有制。這極大地提高了農民生產的積極性，對於恢復國民經濟，為新中國的工業化開闢道路以及鞏固新生的政權具有重要作用。在完成了土地改革任務的地區，為提高農業生產力，多產糧食，提高農民的購買力，逐漸發展農業生產互助合作組織。我國幾千年的小農經濟，生產工具落後，生產效率低下，抵禦自然災害的能力薄弱。在土地改革中，農民獲得了土地，這種小私有者的個體經濟極大提高了他們的生產積極性，但單幹的效率太低，為提高農業生產的效率，必須在農村開展農業生產互助運動。[15] 農業生產互助合作組織中的勞動互助是建立在個體經濟基礎上（農民私有財產的基礎上）的集體勞動，其發展前途就是農業集體化或社會主義化。1958 年在黨的整風運動、社會主義主義建設總路線和「大躍進」的影響下開始了農村人民公社化運動。

　　從農業互助合作組織到集體農莊再到人民公社都是我國為了進行農業現代化而實行的農村基層組織。我國借鑒了蘇聯列寧時期的合作社和史太林時期集體農莊的經驗。合作社是農民的自願合作組織，農民有充分的自主權，而集體農莊實行的是高度集權的組織管理模式，通過行政命令的手段，下達指令性計劃，使農業完全服從於工業，農民沒有任何自主權。蘇聯的集體農莊和中國的人民公社都是通過獨特的城鄉聯繫機制（蘇聯的義務交售制與「身份證」

15　1951 年 12 月 15 日中共中央印發了《關於農業生產互助合作的決議（草案）》的通知，並於 1953 年 2 月 15 日將這個決議草案作為政治決議發布。

制、中國的統購統銷與戶口制）為工業化提供原始累積，對兩國的現代化進程有着重大影響，也構成了世界現代史上的一種類型。[16]

2、迅速實現社會主義工業化的任務

「工業化」和「現代化」之間有着密切的聯繫，「工業化」是「現代化」內容的重要組成部分。「工業化」主要指以生產技術的變革為主體，加上與生產力密切相關的生產組織和經濟結構的調整和變動以推動社會生產力的變革。「工業化」是一個國家由傳統社會向現代社會轉變過程中的一個重要方面。早在新中國成立以前，毛澤東同志就期望中國能由農業國變成工業國。在 1945 年黨的七大上，毛澤東講道：「在新民主主義的政治條件獲得之後，中國人民及其政府必須採取切實的步驟，在若干年內逐步地建立重工業和輕工業，使中國由農業國變為工業國。」[17] 在七屆二中全會上，毛澤東指出：「從中國境內肅清了帝國主義、封建主義、官僚資本主義和國民黨的統治（這是帝國主義、封建主義和官僚資本主義三者的集中表現），還沒有解決建立獨立完整的工業體系問題，只有待經濟上獲得了廣大的發展，由落後的農業國變成了先進的工業國，才算最終解決了這個問題。」[18] 建立獨立的完整的工業體系是新中國成立後的一項迫切任務。新中國成立時我國的經濟起點很低，工業基礎十分薄弱。從產業結構來看，我國是一個落後的農業國，在 5 億多人口中，只有大約 200 萬人從事工業；工業總產值只佔全國經濟總

16 薛鳳偉．蘇聯集體農莊與中國人民公社之比較 [J]．聊城大學學報（哲學社會科學版），2002(03): 43-46.

17 毛澤東選集（第 4 卷）[M]．北京：人民出版社，1991: 1245.

18 毛澤東選集（第 4 卷）[M]．北京：人民出版社，1991: 1433.

量的 10% 左右；1949 年，全國新式產業的比重僅佔農業總產值的 17%，其餘超過八成仍是傳統產業，主要是農業。[19] 面對恢復國民經濟的艱巨任務，黨和國家的領導人對加快工業化建設高度重視，在工業化道路的設想上也有基本的共識，即遵循世界上大多數國家現代化發展的慣例，首先發展輕工業和農業，在完成資本累積後再發展重工業。但朝鮮戰爭的爆發改變了中共領導人的看法。黨和國家的領導人認為應該優先發展國防工業。這是關乎國家安全的重大發展任務。綜觀人類工業化的發展歷程，不同國家必然選擇不同的發展道路。總體上看，大多數國家（尤其是發達國家）工業化的軌跡，基本沿着產業結構的遞次演進而進行：遵循着從輕工業到重工業再到第三產業的發展軌跡，這主要是由於輕工業具有以農產品為原料，投資少、見效快、吸納勞動力多等特徵，易於工業的起步。輕工業的大規模發展使城市的勞動力供不應求，收入的差異吸引着農業勞動力大量向輕工業轉移，從而形成工業化過程中勞動力轉移的第一次浪潮。隨着輕工業發展水平的提高以及來自競爭的壓力，要求重工業為其提供更加先進的技術裝備。同時輕工業的發展又使人們滿足了衣食需求後，基本需求結構將轉向家電等重工業產品，重工業的迅速發展就成為歷史必然。[20] 但我國由於鴉片戰爭以來的屈辱歷史，追求快速實現工業化是人們的夙願。超趕思維影響了我國對超工業化階段的「優先發展重工業」的工業化道路的選擇。國家外部一觸即發的非和平因素以及受發達國家現代化的刺激，我國

---

19 許滌新、吳承明主編 . 中國資本主義發展史（第三卷）[M]. 北京：人民出版社，2003: 756.

20 程連升 . 篳路藍縷 —— 計劃經濟在中國 [M]. 北京：中共黨史出版社，2016: 68.

需要利用國內外一切先進科學技術，迅速實現從傳統農業國向現代工業國的過渡任務。我國對於現代化道路的選擇，很大程度上受到外部的、非經濟因素的影響，正如有學者在研究「後發外生型」國家現代化模式時所指出的那樣：「在外部條件的刺激和威脅下，即使是本社會內部還缺少現代性因素的累積，也必須將現代化強行啟動，以擺脫自己的落後狀態，消除外部威脅。這就是後發外生型現代化的重要特徵。」[21]

在我國優先發展重工業的戰略必然導致計劃經濟體制。實施計劃經濟需要制定社會經濟發展的中長期計劃。我國的「一五」計劃得到了蘇聯專家的指導和幫助，接受了蘇聯提出的許多建議，並得到了蘇聯在技術、資金、專家等方面的大力援助。第一個五年計劃完成時我國已初步建立了工業化的基礎。「向蘇聯老大哥學習」是中共領導人在新中國成立前後向國人提出的主要口號。在缺乏社會主義建設經驗時，我國只能向蘇聯老大哥學習，一時間出現了盲目照搬蘇聯的做法。毛澤東發現了問題，多次提出要反對教條主義，要根據我國的具體條件正確地運用蘇聯的建設經驗。1956 年，在蘇共二十大上赫魯曉夫作了《關於個人崇拜及其後果》的秘密報告，在這份報告中披露了史太林製造的紅色恐怖，揭露了蘇聯政治的陰暗面，這使各國共產黨都產生了巨大的思想震盪。同年 6 月和 10 月，波蘭和匈牙利相繼發生嚴重的政治事件。這在社會主義陣營內部引起了劇烈的震盪。在對史太林的評價問題上，以及「和平過渡」問題上，中共與蘇共之間存在一定分歧。1956 年，毛澤東在《論十大關係》中對蘇聯經驗提出了嚴厲批評，並公開要求中國在

21　孫立平. 後發外生型現代化模式剖析 [J]. 中國社會科學，1991(02): 213-223.

建設社會主義方面走和蘇聯模式不同的新路線。就經濟建設的方式和方法而言，毛澤東在思想上完成了從「以俄為師」到「以蘇為鑒」的轉變。我國開始去尋找一條不同於蘇聯模式的、適合中國國情的社會主義建設新道路。

3、社會主義建設探索中的教訓

「大躍進」是人們急切想要改變我國弱國地位的心理反應，也是我國面臨西方發達國家的威脅以及蘇聯社會主義建設中出現的新問題所作出的反應。蘇共二十大後，赫魯曉夫也在進行大刀闊斧的改革，這表明蘇聯也對自身的模式進行部分否定。蘇聯的經濟模式以精確的計劃為基礎，這就需要大量的技術人員參與管理經濟生活，但 1957 年 6 月 8 日，中共中央發出《關於組織力量準備反擊右派分子的猖狂進攻的指示》，在反擊右派的過程中，反右派鬥爭被嚴重擴大化了，使一大批知識分子、愛國人士和黨的幹部被錯劃為右派分子。尤其是很多黨的高層幹部受到批鬥使黨和政府的組織體系受到衝擊。1958 年中共八大二次會議通過了「鼓足幹勁、力爭上游、多快好省地建設社會主義的」總路線，標誌着「大躍進」運動的全面爆發。1958 年上半年，毛澤東和中共中央幾乎就在做一件事，即籌備和動員在全國開展「大躍進」和人民公社運動。[22]為了掃清運動開展的思想障礙，毛澤東多次強調要反對保守主義和教條主義。反對保守主義是要反對黨內的務實派和反冒進的領導人。反對教條主義是反對對蘇聯經驗的教條。毛澤東想要通過發展

---

22 沈志華 . 蘇聯專家在中國 (1948-1960)(第 3 版) [M]. 北京：社會科學文獻出版社，2015: 249.

眾運動的這種方式來鞏固政權和進行經濟建設。在「大躍進」時期提出了「超英趕美」的口號，制定了國民經濟發展的各項宏大而不切實際的指標。眾的熱情被完全動員起來了，似乎中國在一夜之間就可以進入到共產主義社會。1958年秋全國掀起「大躍進」的高潮。通過大搞眾運動的方式進行經濟建設忽視了經濟發展的客觀規律。在反右傾保守主義運動中，冒進主義盛行，出現了激進化的建設思想，認為中國在很短的時間內就可以實現「超英趕美」目標。資源從農業向工業集中，優先發展重工業，使經濟結構嚴重失調。

由於「大躍進」、人民公社化和「反右傾」鬥爭，加上自然災害和中蘇關係的惡化，1960年中國國民經濟陷入崩潰的邊緣。為使國民經濟起死回生，必須對國民經濟進行調整，在經濟建設的指導方針上來一個撥亂反正。1961年初提出「調整、鞏固、充實、提高」的八字方針，經過艱難的調整，到60年代中期，國民經濟得以恢復。但好景不長，「文化大革命」的爆發又使剛剛進入穩定運行的國民經濟再次受到衝擊。「文革」期間無政府主義和紅衛兵的全面奪權嚴重破壞了國家的基本政治秩序，使我國的經濟建設陷入了嚴重混亂。一大批領導幹部和知識分子被打成「反革命」、「右派分子」，受到批鬥，遭到流放。毛澤東想要從改造人入手，從文化層面來改造人，一直是從五四運動到「文化大革命」的主題。當人類本身成為試驗品的時候，就不可避免產生嚴重的後果，這是深刻的歷史教訓。[23] 毛澤東想要解決問題，想要保持國家的社會主義道路向前發展，但採取的方式是錯誤的，即採取放任自流的方式發動眾

23　鄭永年. 馬克思主義在中國真的復興了嗎？[N]. 聯合早報，2018-7-10.

眾，想以「天下大亂」達到「天下大治」，其結果是事態的發展已經超出最初的預期而不受控制，國家陷入全面的混亂狀態。

從我國進行社會主義建設所取得的成就和失誤可以看出，中國共產黨的領導在其中發揮着決定性作用。基本的政治秩序的建立是解決「發展」問題的根本保障。

（五）從世界歷史的角度看中國模式的邏輯起點

從世界各國現代化的歷史進程來看，其前提始終是一個有序的獨立國家的建立。對中國現代化的認識也可以放在歐洲中世紀以來世界歷史發展的進程中去認識。中國革命以及其他落後國家所進行的民族獨立與解放運動都是在世界由傳統向現代轉變的歷史大潮中發生的，只是在時間上落後於西方國家。從世界歷史的角度來看，中國所採取的需要流血犧牲的暴力革命並非特例。西方的資產階級革命，除了英國的資產階級革命沒有發生大規模的流血犧牲，其他國家的資產階級革命都是通過暴力革命實現的。英國的資產階級革命普通民眾的參與度不高，是發生在社會上層的對特權的調整。法國的資產階級革命中，民眾的參與度很高，發生的革命衝突非常激烈。1789 年 7 月 14 日，羣眾蜂擁攻入巴黎的巴士底監獄，標誌着法國民眾登上了歷史舞台。近代德國的崛起是在普魯士完成德意志民族的統一進而實現工業化的。美國也進行了獨立戰爭，後來廢除了奴隸制。當今發達資本主義國家從傳統向現代的轉變是自發的，是由於國家內部資本主義的發展達到一定程度，資產階級與無產階級都登上了歷史舞台，對原有的封建貴族特權提出了挑戰。廣大亞非拉國家由傳統到現代的轉變是在世界大勢的潮流中進行的，其開

端是在國家內部反傳統特權，爭取廣大人民的權利，同時面對外部已經強起來的資本主義國家的侵略，它們還肩負着實現民族獨立的重任。

在發展中國家，當權者要同時完成兩件必要的任務，即建立一個獨立的國家和發展經濟。建立一個有序的獨立國家，在最低層面來說，是要確立對特定領土的有效控制，從最高層面來說，是確立一個合法的、主權的、對人民的需求負責的國家機器。同樣，經濟發展，從最低層面來說，意味着要能夠推動經濟的發展，從最高層面來說，是協調發展與再分配之間的關係。這兩個任務是無法同時完成的，最終在很多社會，國家的主導地位並沒有使其能夠控制社會，而讓社會處於一種無政府狀態。很多發展中國家，政治體制整合度不高，權力分散，缺少經濟發展的秩序基礎。經濟持續發展的一個基本條件就是有一個基本的政治秩序。早先亞洲四小龍（即韓國、中國台灣地區、新加坡和中國香港）的發展說明了這一點。而九十年代後期以來，一些國家和地區因為不能保證這樣一個政治秩序而出現了經濟停止不前，甚至滑坡的現象也從反面說明了這一點。[24]

在大工業早期階段，人們對現代化的理解相對簡單，將現代化、工業化、西方化等同起來。其原因，一是對大工業生產的威力的過度崇尚，二是由於現代化首先發端於西方，因此出現了西方中心論。二戰後，隨着殖民主義的瓦解，民族獨立與民族解放運動的興起，大量取得獨立地位的民族和國家急需進行國家的現代化建設，從全世界範圍看，多樣化的現代化模式普遍出現。從現代化發

<hr />

24 鄭永年 . 政治改革與國家建設 [J]. 戰略與管理，2001(02): 1-12.

端時間早晚不同的角度看，可以將現代化模式分為早發型現代化和後發（遲發）型現代化兩種類型。與早發型現代化不同，後發型現代化國家的起點較低，而且其現代化的起步不是由自身的「自然演化」所致，不是「內生」的，而是迫於早發型現代化國家所形成的外部壓力被迫步入現代化的，或者說其現代化發端始於「外生」。後發國家的現代化在一開始時往往比較被動、艱難，但隨着時間的推移，大量的後發國家獲得了民族獨立，獲得了現代化建設的自主性，進而隨着時間的推移，逐漸地由原來的「後發外生型」現代化模式轉變為「後發內生型」現代化模式。中國的現代化就屬於後發型的現代化，並且是一種超趕型的現代化。[25] 新中國成立後，在中國共產黨的領導下，通過國家動員、大規模借鑒外國先進事物以及一籃子解決問題的方式來推進自身的現代化建設。

近代以來，面臨來自西方的挑戰，中國各方面快速轉型。但在很長的時間裏，至少到 1949 年中華人民共和國成立，中國要解決的都是「國家與革命」的問題，而非「國家和發展」的問題。這個順序並不難理解，因為只有確立了政治秩序之後，經濟發展才能提到議事日程上來。馬基雅維利和霍布斯等把政治秩序置於優先地位的主張，即使放在中國的背景中也不難理解。近代以來，在解決「國家與革命」問題上，中國各派政治力量都有自己的主張，但日後的經驗證明，中國共產黨是成功的。這個關鍵便是中共接受了馬克思列寧主義。列寧的《國家與革命》要解決的，就是在落後國家如何通過革命，確立一個新的政治秩序的問題。毛澤東一代革命家通過

---

25 吳忠民. 現代化意味著什麼？[J]. 中共中央黨校（國家行政學院）學報，2019(03).

「馬克思主義中國化」，把列寧的學說成功應用到中國革命上，在和各種政治力量的鬥爭中勝出，確立一個新的政治秩序。[26] 當代中國的現代化如果說是從毛澤東時代開始，那麼當時的中國已經失去了走往日西方列強現代化道路的機會。西方列強無一不是通過帝國主義和殖民地主義的方法來輔助內部現代化的。比較而言，中國走的是一條通過內部資本累積的內發型現代化道路，直到改革開放政策開始之後，中國才改變了這種情況。[27]

26　鄭永年 . 中國政治經濟模式及其未來 [N]. 聯合早報，2019-1-1.

27　鄭永年 . 美國為何要對華發動經濟戰？[N]. 聯合早報，2018-6-18.

二、發展議程的「三步走」── 中國模式的
　　方法論

（一）中國的改革進程 ──「分解式」的改革

　　從分解式觀點看，中國的改革是先經濟改革、再社會改革、再政治改革這樣一個過程。從 1978 年到 2002 年，主體性改革是經濟改革，政治改革和社會改革也在進行。從 2002 年黨的「十六大」開始，隨着和諧社會和科學發展觀目標的提出，社會改革已經成為主體性改革。這期間，政治改革也是重要的。經濟改革經歷了三十年才確立了基本經濟制度，社會改革也要經歷很長一段時間。中國還沒有進入一個以選舉民主為目標的主體性政治改革的階段。[28]「分解式」的改革是對中國改革進程的客觀描述，不是一種價值判斷。從世界歷史經驗來觀察，分解式的和漸進式的改革有其優勢：

　　第一，任何人都沒有能力一步到位設計並建成一個完美的制度，或者說，這樣的目標遠遠超越出人類的理性能力。儘管人類的理性很重要，但任何制度都是漸進演變的結果。誇大人類理性，制度設計和建設反而會釀成災難。無論西方和中國本身，都可以找到很多這樣的例子，例如法國大革命和中國改革開放前的社會實踐。

28　鄭永年. 中國的改革模式及其未來 [J]. 復旦政治學評論，2011(01): 70-86.

第二，比較有效的改革次序應當是先經濟改革、再社會改革、再政治改革。首先，這是一個從易到難的過程。經濟改革最容易，說穿了就是放權，把人們的物質意識動員起來，或者說把哲學家所說的「人性惡」方面釋放出來，讓人們去追求自己的利益。這是一種本能的釋放。社會改革比較難一點。如果說經濟改革的主體是生產，那麼社會改革的主體就是分配。就是說，社會改革要求人們從自己的錢包裏面掏出一部分來讓社會來分享，這就比較困難。而政治改革最為困難。政治改革表明人們需要放棄一些權力讓其他人來分享。其次，這裏涉及一個體制改革的物質基礎問題。經濟改革優先是因為經濟改革創造其他改革的物質基礎。經濟改革優先於社會改革道理很簡單，沒有生產哪有分配。財富創造出來之後，才可以強調分配。經濟改革先於政治改革也可以為政治人物提供另外一個選擇。在政治主導一切的條件下，失去權力就等於失去一切。但如果失去權力之後，可以進入經濟領域，那麼對政治人物來說，政治改革就不是一場零和遊戲了。西方社會就是這樣一種狀態，政治人物如果在政治競爭中失敗，不至於沒有出路。但更為重要的是制度建設的次序問題。任何國家的國家制度表現在政治、經濟、社會等等方面。如果說，我們的最終目標是民主制度，那麼，沒有其他一系列制度的支撐，民主制度將是脆弱的。民主只是眾多基本國家制度中間的一種，不能取代其他方面的國家制度。歷史地看，先有現代國家，才有國家的民主進程。就中國來說，我的觀點是，國家制度建設先行，而民主進程後行。這一點，下面再展開講。

　　第三，分解式改革並不是說，在一個特定時期只能進行經濟改革，或者社會改革，或者政治改革。分解式改革只是說，在任何特

定時期，只能把一種改革定位為主體性改革。經濟改革、社會改革和政治改革本身也需要分解。這些領域改革本身可以分解成很多方面，而這些方面又可以確定哪些改革具有優先權。例如，民主進程可以分解為選舉式民主和參與式民主。

（二）對「甚麼是社會主義」重新作出回答

理論是實踐的先導，「關於真理標準問題的討論」起到了解放思想的重大作用，使人們擺脫教條主義的束縛，在理論上重新回答了「甚麼是社會主義」。鄧小平作出的回答是：「貧窮不是社會主義」，「四人幫」那種以極左面目出現的主張普遍貧窮的社會主義是假社會主義。社會主義制度優越性的根本表現，就是能夠允許社會生產力以舊社會所沒有的速度迅速發展，使人民不斷增長的物質文化生活需要能夠逐步得到滿足。因此，要大力發展生產力，要進行四個現代化建設。對社會主義的重新認識決定了 1978 年以後中國的改革首先從經濟改革開始。鄧小平強調中國的現代化建設是中國式的現代化，要走出一條中國式的現代化道路，必須從中國的特點出發。薄一波曾指出，建設有中國特色社會主義的道路「始於毛，成於鄧」[29]。毛澤東在 1956 年開始提出探索中國特色社會主義建設道路，歷經 20 年曲折發展，直到十一屆三中全會後，我們黨才逐漸確立了一條成功的中國特色社會主義建設道路。這條道路是從鴉片戰爭以來的 140 多年中，數代中國人集體經驗的結晶，經過多次

29　就毛澤東的探索和鄧小平的業績：薄一波答中央文獻研究室問 [J]. 黨的文獻，
　　1995(01)3-6+7.

政治選擇的最終結果。這種發展模式尊重多元，並且具有超強的社會整合能力。文化大革命的極左思想在改革開放後被一種務實的常識理性代替。鄧小平提出「要警惕右，但主要是防止『左』」。通過一系列的撥亂反正，中國找到一條超越左與右兩級勢力的發展道路。強調堅持「四項基本原則」，防止仿效實行西式民主而導致政治無序化。強調堅持改革開放，積極融入世界發展潮流，融入國際秩序。始終以「實踐是檢驗真理的唯一標準」來防止左與右的教條主義，以確定改革的方向。中國所走的現代化之路是在「摸着石頭過河」中逐漸成型的，用試錯的方式來推進改革。十三大報告中指出「在中國這樣落後的東方大國中建設社會主義，是馬克思主義發展史上的新課題。我們面對的情況既不是馬克思主義創始人設想的在資本主義高度發展的基礎上建設社會主義，也不完全相同於其他社會主義國家。照搬書本不行，照搬外國也不行，必須從國情出發，把馬克思主義基本原理同中國實際結合起來，在實踐中開闢有中國特色的社會主義道路。」[30] 在對「甚麼是社會主義」這一問題的深化認識中，在對「怎樣建設社會主義」這一問題的不斷摸索中，我國的社會主義建設事業按照先經濟改革、再社會改革、最後政治改革的漸進路線展開。

（三）經濟改革與基本經濟制度的確立

關於經濟發展的「模式」說早已有之，一旦一國或一個地區經濟發展取得顯著成就或者具有突出特點，就會有相應的模式提出。

---

30 十三大以來重要文獻選編（上）[M]. 北京：中央文獻出版社，2011: 10.

比如，以德國、瑞士、挪威、瑞典等為代表，強調政府作用和福利社會的「萊茵模式」，或者稱為「民主社會主義模式」；以美國、英國為代表，強調自由競爭市場經濟的「盎格魯─撒克遜模式」，或者稱為「自由資本主義模式」；以日本、韓國等為代表，強調政府主導市場經濟的「東亞模式」；以墨西哥、阿根廷等為代表，強調踐行經濟「私有化、非控化、自由化」為特徵的「華盛頓共識」的「拉美模式」，因其是失敗的，又被稱為「拉美陷阱」；以前蘇聯為代表，強調集中計劃經濟而取得巨大成就的「蘇聯模式」，因從史太林執政時期開始實踐的，因而又被稱為「史太林模式」；以俄羅斯等為代表，強調經濟迅速「私有化、非調控化、自由化」而失敗的「激進轉型模式」，或者稱為「休克療法」；以越南為代表，強調利用市場經濟的「社會主義定向的市場經濟模式」，又稱為「越南模式」，等等。[31] 中國的改革是一種「分解式」漸進改革，在改革中逐漸建立了中國特色社會主義市場經濟模式。

1、社會主義市場經濟的確立

我國對社會主義應該實行甚麼樣的經濟制度經歷了艱難的探索，才最終確立了社會主義市場經濟的制度。從「一五」計劃開始，計劃經濟開始逐步實行，在 20 世紀 50 年代經濟學界對計劃經濟有初步的反思。[32] 改革開放後，針對計劃經濟體制的弊端作出了反思，

---

31 程恩富. 中國模式的經濟體制特徵和內涵 [J]. 經濟學動態，2009(12)50-54.

32 例如，1956 年，經濟學家孫冶方就提要按照價值規律發展經濟。但 1957 年，左的思想開始盛行。我國以單一公有制為基礎，追求「一大二公」；經濟決策權集中於政府，企業無自主權；資源配置排斥市場的作用，以指令性計劃為主。

並出現了關於計劃經濟和商品經濟的諸多爭論。[33]1989 年到 1992 年社會主義市場經濟體制的目標最終確立。經過漫長而艱巨的理論爭論，終於在改革的目標上形成了共識。

改革開放使我國的經濟體制由計劃經濟體制轉變為市場經濟體制。我國的所有制結構也發生了改變。新中國成立後，我國建立了全民所有制和集體所有制。20 世紀 50 年代後期到 70 年代的很長一段時期，在所有制方面超越了社會發展的階段，脫離了生產力發展的實際和具體國情，盲目追求「一大二公」。十一屆三中全會後，實行以公有制為主體，多種所有制經濟共同發展的方針，極大

33　1978 年到 1984 年是改革的初步思路形成的階段。國務院財經委 1979 年 12 月 3 日《關於經濟管理體制改革總體設想的初步意見》提出設想：「實行計劃調節與市場調節相結合」，也就是計劃市場相結合。1980 年 9 月國務院經濟體制改革辦公室起草了《關於經濟體制改革的初步意見》指出：「中國現階段的社會主義經濟是生產資料公有制佔優勢，多種經濟成分並存的商品經濟。」1980 年 9 月，黨中央召開的各省、市、自治區黨委第一書記會議，經濟學家薛暮橋作《關於經濟管理體制改革的初步意見》的說明，第一次提出了把改革目標定為「有計劃的商品經濟」的建議。也就是初步否定計劃經濟，確定商品經濟。這個《初步意見》得到了當時中共中央總書記胡耀邦的贊同。不少經濟學家也給予了高度評價，認為它實際上提出了帶有明顯市場取向的經濟體制改革目標模式。從改革歷史來看，可以說是我國市場取向改革的第一個綱領性草案。但這個《初步意見》在黨內的決策最高層未達成一致，因而沒有形成正式文件。薛暮橋商品經濟的提法，也遭到了另一些人的反對。從 1981 年到 1983 年期間，出現了一系列批判這一觀點的文章，它們均反對「社會主義商品經濟論」和「社會主義有計劃商品經濟論」，其理由是「商品經濟就是資本主義經濟」、「社會主義經濟只能是計劃經濟」。1982 年 2 月 25 日《經濟體制改革的總體規劃》改為「生產資料公有制存在商品生產和商品交換的計劃經濟」。中共十二大繼續堅持「計劃經濟為主、市場經濟為輔」的提法。1983 年 2 月 18 日《關於當前經濟體制改革的幾點意見》的提法是「以計劃經濟為主、市場調節為輔」。1984 年到 1988 年，改革取得了重大突破，明確社會主義經濟是有計劃的商品經濟。1984 年 10 月十二屆三中全會通過的《關於經濟體制改革的決定》，改「計劃經濟為主、市場調節為輔」為「有計劃的商品經濟」。商品經濟第一次寫進黨的決議。

地解放了生產力。十五大報告中改變了「非公有制經濟是我國社會主義市場經濟必要的和有益的補充」的提法，明確指出「非公有制經濟是我國社會主義市場經濟的重要組成部分」，並確立了「公有制為主體，多種所有制經濟共同發展是我國社會主義初級階段的基本經濟制度。」公有制經濟的主體性地位不容動搖，這是我國社會主義制度發揮優越性的體現。改革開放後，在我國探索社會主義道路的過程中發生了東歐劇變和蘇聯解體，這對中國來說無疑是外部環境的巨變。一時間「中國崩潰論」甚囂塵上。美籍日裔學者福山發出「歷史的終結」的言論，認為社會主義將到此終結，只有資本主義制度才是最完滿的制度。但中國度過了此次危機，保持了國家政權不變色，並在接下來的 30 年裏創造了世界經濟發展的奇跡。西方自 20 世紀 80 年代末以來一直鼓吹新自由主義的經濟政策，強調自由貿易、市場開放、私有化、放鬆管制、減少政府開支等，以增加私人部門在經濟中的比重和作用。新自由主義的思想被美國等西方國家向全世界推銷。從上世紀 90 年代開始的蘇東地區的全面私有化浪潮、俄羅斯的「休克療法」和拉美地區的私有化都是受新自由主義的影響。但這些地區的改革並沒有將他們從經濟困難的泥沼中解救出來，反而因為私有化帶來的更巨大的不平等引發政治上的不穩定和經濟發展的崩潰或長期停滯。2008 年的金融危機宣告了新自由主義政策的破產，「西方模式」是唯一正確的發展模式的說法也走下神壇。

諾貝爾經濟學獎得主斯蒂格里茨在其文章《西方資本主義的意識形態危機》中指出，「對無拘無束的自由市場的信仰的強大意識形態幾乎將全世界推入萬劫不復的深淵。即使在從 20 世紀 80 年代到 2007 年新自由主義政策的全盛時期，美國式去監管化資本主義

也只是給世界上最富有國家中的最富有階層帶去了更多的物質享受，在過去 30 年，大多數美國人的收入在年復一年地減少或是停滯不前。」[34] 上世紀 80 年代末，華盛頓共識正式具化為新自由主義以來，新自由主義一直牢牢佔據着全球主要西方經濟體和組織，如 IMF 及世界銀行的思維框架。但自 2008 年經濟危機以來，學界和政界均開始質疑新自由主義是否還能繼續發揮應有的作用。[35] 新自由主義的核心理念是，市場在沒有干預的情況下可以最有效地提升經濟增長，但現實中市場失敗的例子在全球俯拾皆是，這是新自由主義的經濟理論面臨的現實危機。

在經濟全球化的浪潮下，再加上我國的改革開放，我國積極融入國際經濟體系，2001 年加入世界貿易組織（WTO），接受國際經濟體系的規則。由於工業水平落後，我國在全球產業分工格局中處於價值鏈的低端，依靠廉價的勞動力成本和資源以及以環境為代價獲得了快速的經濟增長，創造了無數個中國奇跡。但這樣的經濟發展模式是不可持續的，當我國的勞動力成本優勢消失時就需要轉變發展方式，依靠科技創新為經濟發展注入新的動力。當我國的發展中出現問題時，國家主導的發展模式可以及時作出反應，調整發展方式，解決發展中出現的問題。科學發展觀要求進一步轉變發展觀念、進一步轉變經濟增長方式、進一步轉變經濟體制、進一步轉變政府職能等。但這種應對問題的方式也存在一定的滯後性，往往是

34　斯蒂格里茨 . 西方資本主義正經歷意識形態危機 [EB/OL]. 觀察者網，2011.08.01, https: //www.guancha.cn/indexnews/2011_08_01_59097.shtml.

35　王維峰 . 諾獎經濟學家斯蒂格里茨：主導西方三十年的新自由主義已死 [EB/OL]. 觀察者網，2016.08.22, https: //www.guancha.cn/economy/2016_08_22_372066.shtml.

問題已經到了不得不解決的時候才會引起上層的重視，以從上自下的方式層層施壓進行改革。中國現代化進程中值得注意的一個現象是，中國的工業化快於城市化，因為中國有戶籍制度，所以中國不像其他落後國家在實現現代化的過程中會產生貧民窟。這也是中國現代化過程中的一大特色。

2、中國經濟改革的特點

中國的經濟改革具有幾個特點：第一，分解式的改革，即先農村改革，再城市改革。第二，分權性，即中央政府向地方和企業的分權。分權過程是漸進性的。80 年代的分權主要是從中央政府向地方各級政府的分權，而 90 年代的分權主要是從政府向企業的分權。第三，開放性。開放性最為重要。開放分為對外開放和對內開放。對外開放是人們一般理解的開放，即把國門打開，開放給外國資本。但實際上，對內開放具有更重要的意義。對內開放就是把國家的經濟過程開放給各個社會群體。這也是先易後難的過程。城市既得利益比較強大，那麼先進行農村改革。農村基本上被體制隔離，改革的阻力比較小。這是農村改革很成功的最主要因素。在城市改革開始後，因為國有經濟部門既得利益比較大，所以，先不動國有部門，而是容許在國有部門之外逐漸發展出一個非國有部門來。也就是說，先不要不切實際地觸動既得利益，而在現行的既得利益之外，培養出新的利益來，等到新的利益培養出來之後，再動既得利益。新利益一方面對既得利益構成了壓力，另一方面新的利益也能消化改革既得利益所產生的很多問題。[36]

---

36 鄭永年 . 中國的改革模式及其未來 [N]. 復旦政治學評論，2011(01): 70-86.

（四）社會改革的重啟

社會改革包括社會保障、醫療衛生、教育、生態環境、人的精神世界等各個方面。我國的社會保障體系不斷完善，2006 年開始實行九年義務教育制度，2007 年黨的十七大報告中首次提出建設生態文明，在全社會牢固樹立生態文明觀念。進行社會改革首先是為了進一步深化經濟改革。進行社會改革，充分調動各社會成員參與經濟建設的積極性。將由政府承擔的一部分責任和權力下放給社會。第二個重要因素是為了通過社會改革來消化由經濟改革所產生的各種負面因素，例如收入分配問題。導致收入差距持續擴大的根源有很多，但社會力量的弱小也是非常重要的因素。經濟力量經常和政治權力走在一起，而社會的大多數處於無權狀態。當經濟的發展造就出一批富豪階層，但沒有出現規模較大的中產階級時，社會就會處於不穩定的狀態。處於弱勢地位的社會成員的力量會對國家政權和社會的穩定產生威脅。因此，要進行社會改革。進行社會改革的重要內容是政府轉型，政府要向社會賦權。向社會力量賦權就能對權力形成有效的制衡，解決腐敗問題。[37] 第三，社會改革為我國政治改革做制度準備。中國的改革進程大致可分為經濟改革，再社會改革，再政治改革三個階段，[38] 是一個由易到難的改革過程。社會的改革過程也是實現社會現代化的過程。社會現代化沒有一個既定模式，需要不斷探索創新，但它有幾個清晰的指標：第一，能保證社會的和諧穩定，使每一個社會成員都有安全感，並能從社會

37　鄭永年 . 中國社會改革應當扶植社會力量 [N]. 聯合早報，2007-1-30.

38　鄭永年 . 中國必須進行一場社會改革的攻堅戰 [N]. 聯合早報，2009-1-7.

關係和社會活動中獲得自己生命的意義；第二，能使社會公德和個人品德健康成長，使正能量發揚光大；第三，要有活力，能夠充分發揮社會成員的創造力，使合作機會最大化。[39] 不同的國家，現代化的目標是相似的，即國富民強。人生活在社會之中，西方國家實現了現代化，但在社會層面也出現了很多新的問題，如人的精神危機、單身社會、生育率降低等。在現代化的過程中，我國在社會層面的問題也逐漸顯現，為了應對社會層面的危機、矛盾，需要進行社會改革。那麼，為甚麼要把社會改革界定為主體性改革？主要原因如下：

第一，通過前面以經濟改革為主體的改革，基本經濟制度得到確立。經濟改革仍有空間，但主要是制度的改革或進一步改善問題。總體制度要得到改革，就必須找到新的突破口。較之政治改革，社會改革比較容易進行。

第二，從計劃經濟到市場經濟轉變過程中，原來計劃經濟體制下的社會制度已經不適用，但以經濟為主體的改革又沒有能夠提供新的制度體系。這些新制度必須通過社會改革得以實現。經濟改革對中國社會的影響是方方面面的，包括社會保障、醫療、教育、住房等等。應當強調的是，這些體制大都是在建國以後建立起來的，符合當時的計劃經濟模式，在當時起到了很重要的作用。但原有的體制很難再適應市場經濟條件，通過社會改革重建體制是唯一的選擇。

第三，為可持續經濟增長尋找新的動力。這裏主要表現為建立一個內需社會。改革開放以來，中國的開放政策造就了中國的外向

---

39 郭良平. 中國的社會現代化應該提上日程了 [N]. 聯合早報，2018-11-23.

型經濟，即出口導向型經濟，出口成為了經濟增長的主要動力。然而，2008 年金融危機爆發表明，出口導向型經濟具有很大的局限性，很容易受到世界經濟變動的影響。很多年來，無論是出口還是進口中國一直面臨西方的壓力。鑒於中國的規模，中國消費甚麼，生產甚麼，都會對世界經濟帶來巨大影響。金融危機爆發後，中國主要的出口市場西方開始盛行貿易保護主義。從前總是發達國家提倡貿易自由，發展中國家搞貿易保護主義。現在的情況有了很大的不同。中國儘管還是一個人均 GDP 非常低的國家，現在成了貿易自由的大力提倡國。出口貿易的可持續性出現了問題，這就意味着，中國自己要建立一個消費社會。消費社會的形成需要社會制度作為基礎。西方之所以能夠建立較完善的消費社會，不僅取決於其經濟發展水平，更重要的是通過社會改革得以建設起來的社會制度，包括社會保障、醫療衛生和教育等。因此，中國需要通過社會改革建立一個內需社會，以保持經濟的可持續性發展。

（五）中國特色社會主義政治改革

在進行民主化之前需要建立一整套基本國家制度。很多發展中國家在沒有進行基本國家制度建設之前，過早引入選舉民主，因此演變成劣質民主。民主沒有為他們帶來經濟發展、社會秩序和政治權利的實現。相反，在很多國家，民主往往和無政府、政治力量的惡鬥和掠奪人民聯繫在一起。中國的基本經濟制度雖已確立，但還不完善，社會制度還處於建設之中。這就是說，我們在基本國家制度建設方面還有很多事情要做。

我國通過對經濟體制進行改革取得了經濟發展的巨大成就。

但總體來說政治體制改革落後於經濟體制改革。在政治體制的改革中貫穿着一條主線，那就是始終堅持「四項基本原則」不動搖。

1. 從 1978 年黨的十一屆三中全會到 1992 年黨的十四大是我國政治體制改革的初步探索階段。

這一階段政治體制改革與經濟體制改革緊密結合，為經濟體制改革提供重要的政治保障。政治體制改革的特點是放權，改革中央與地方、國家與企業的關係。十一屆三中全會公報中指出「為了適應社會主義現代化建設的需要，全會決定在黨的生活和國家政治生活中加強民主，明確黨的思想路線，加強黨的領導機構和成立中央紀律檢查委員會。」[40]「現在我國經濟管理體制的一個嚴重缺點是權力過於集中，應該有領導地大膽下放，讓地方和工農業企業在國家統一計劃的指導下有更多的經營管理自主權；應該着手大力精簡各級經濟行政機構，把它們的大部分職權轉交給企業性的專業公司或聯合公司；應該堅決實行按經濟規律辦事，重視價值規律的作用，注意把思想政治工作和經濟手段結合起來，充分調動幹部和勞動者的生產積極性；應該在黨的一元化領導之下，認真解決黨政企不分、以黨代政、以政代企的現象。」[41] 1980 年鄧小平的「8‧18 講話」是關於政治體制改革的集大成之作。在該講話中鄧小平指出，「改革黨和國家領導制度及其他制度，是為了充分發揮社會主義制度的優越性，加速現代化建設事業的發展。」[42]1986 年鄧小平指出：「政

40 改革開放三十年重要文獻選編（上）[M]. 北京：人民出版社，2008: 13.

41 改革開放三十年重要文獻選編（上）[M]. 北京：人民出版社，2008: 13.

42 改革開放三十年重要文獻選編（上）[M]. 北京：人民出版社，2008: 143.

治體制改革同經濟體制改革應該相互依賴、相互配合。只搞經濟體制改革，不搞政治體制改革，經濟體制改革也搞不通。從這個角度講，我們所有的改革最終能不能成功，還是決定於政治體制的改革。」[43] 過去形成的權力過分集中的政治體制，嚴重束縛了生產力和社會主義商品經濟的發展。這一時期，在上層建築方面，建設高度社會主義民主政治所必需的一系列經濟文化條件還很不充分，進行民主政治建設既具有緊迫性，同時也受到歷史的社會的條件限制，因此，十三大報告中指出，社會主義民主政治的建設只能有秩序有步驟地進行，並確定了政治體制改革的近期目標與長遠目標。政治體制改革的措施包括黨政分開，進一步下放權力，改革政府工作機構等。這一時期的政治體制改革還需要對「文化大革命」時期對民主法治帶來的破壞作出回應，要進行社會主義民主與法治建設。措施是從解決權力過分集中、官僚主義、家長制以及領導幹部職務終身制入手，改革幹部人事制度，推行幹部隊伍革命化、年輕化、知識化、專業化改革；實行簡政放權，恢復鄉鎮建制、廢除人民公社這一超越我國社會主義發展階段的制度，調動廣大人民的積極性；修改憲法，明確規定全國各族人民和一切組織都必須以憲法為根本活動準則，任何組織和個人都不得有超越憲法和法律的特權。

中國的民主是社會主義民主或人民民主，與資產階級的個人主義的民主相區別。對人民民主就是對敵人專政。我國的民主集中制是民主基礎上的集中和集中指導下的民主相結合。在講民主時，將民主和法制、民主和紀律、民主和黨的領導結合起來。「中國模式」區別於其他模式的根本就在於根本制度層面的問題，「中國模式」

43　鄧小平文選（第 3 卷）[M]. 北京：人民出版社，1993: 164.

不僅表現在具體的治理層面上和文化層面上的辨識度，不僅限於某一時期「發展性政策的變化」[44]，更是一國區別於他國的根本屬性，即最高權力的執掌方式 —— 政體的模式，在中國就是長期形成並普遍適用的民主集中制。中國的民主集中制可以成為建構中國模式的突出標識，以及在國際社會中中國道路的身份識別碼。[45]

2. 從黨的十四大到黨的十六大期間經歷了「八九風波」和蘇東劇變，這對我國的政治體制改革進程產生了巨大影響。

「八九風波」對中國共產黨的執政地位提出挑戰，黨在有效處理這次事件後，也必須直面黨的建設存在的問題。蘇東劇變對整個社會主義陣營和國際共產主義運動的發展來說都是一個重大的打擊。一時間「歷史終結論」甚囂塵上。面對國內外形勢的變化，我國的改革堅持穩中求進，避免重蹈蘇聯覆轍。黨的十四大明確指出，「我們的政治體制改革，目標是建設有中國特色的社會主義民主政治，絕不是搞西方的多黨制和議會制。」[46]十五大指出，「我國實行的人民民主專政的國體和人民代表大會制度的政體是人民奮鬥的成果和歷史的選擇，必須堅持和完善這個根本政治制度，不照搬西方政治制度的模式」，「推進政治體制改革，必須有利於增強黨和國家的活力，保持和發揮社會主義制度的特點和優勢」。[47]這一要

---

44 楊光斌、喬哲青. 論作為「中國模式」的民主集中制政體 [M]. 政治學研究，2015 (06): 3-19.

45 龔文婧. 再論民主集中制的歷史與現實合法性 —— 從「古田會議」到「中國模式」建構 [M]. 北京行政學院學報，2017(04): 63-72.

46 十四大以來重要文獻選編（上）[M]. 北京：人民出版社，1996: 28.

47 十五大以來重要文獻選編（上）[M]. 北京：人民出版社，2000: 30、31.

求直接表明我國政治體制的改革是在社會主義制度的範圍內的改革。中國不會走西方式的「民主化」的道路，也不會走蘇聯式的「民主化」道路。

3. 從黨的十六大到黨的十八大，是中國特色社會主義民主政治道路或者說是中國政治模式形成的關鍵十年。

關於政治體制改革的主要理論成果主要是提出發展社會主義民主政治，建設社會主義政治文明。黨的十六大報告首次提出，「發展社會主義民主政治，最根本的是要把堅持黨的領導、人民當家作主和依法治國有機統一起來。」[48] 在政治體制改革中，堅持黨的領導是最為根本的原則，推進政治體制改革的目標是使人民能夠當家作主，人民是我國社會主義民主政治的主體和最大受益者，這體現了我國政治體制改革的社會主義方向。政治現代化也需要法治建設來保障，法律要成為政治生活的根本準則。黨的十七大後，中國特色社會主義政治制度逐步定型，形成了人民代表大會制度、中國共產黨領導的多黨合作和政治協商制度、民族區域自治制度和基層群眾自治制度。這四項制度是我國的基本政治制度，是實現和發展人民民主的根本制度。2011 年春，在第十一屆全國人民代表大會第四次全體會議上，全國人大常委會委員長吳邦國同志鄭重提出：「堅持中國特色社會主義道路，最重要的是堅持正確的政治方向，在涉及國家根本制度等重大原則問題上不動搖。我們不搞多黨輪流執政，不搞指導思想多元化，不搞『三權鼎立』和兩院制，不搞聯邦

48　十六大以來重要文獻選編（上）[M]. 北京：中央文獻出版社，2005: 24.

制,不搞私有化。」[49] 這再一次說明了中國特色社會主義道路與西方資本主義道路的區別,這也是我國今後民主政治建設堅持的重要原則和不能突破的底線。在這一時期,中國共產黨的最大轉變是由一個革命型的政黨轉變為建設型政黨。在革命期間,政黨要強調依靠一些特定的階級和階層,但作為執政黨,其必須依靠所有的階級和階層,方可擁有最廣泛的社會基礎。改革開放以來,中共所經歷的變化越來越體現為文明性,也即開始呈現一個開放性政黨的特點。這也就是中共和前蘇聯、東歐國家區別開來的地方。中共作為唯一的執政黨,在社會經濟利益多元化的條件下,選擇的是向各個社會群體和利益開放的政治過程。採取的措施包括:一是領導人退出制度,即退休制度;二是人才錄用制度,從社會的各個領域錄用人才。現在這些制度從基層到最高領導層已經相當高度制度化。[50]

中國的發展模式和政治文化顯示出一種政治實用主義的特點。這種實用主義的特徵表現在:經濟上,從計劃經濟到市場經濟的轉型,或者說政治的經濟化;政治上,共產黨已經從一個階級的政黨發展成為一個人民的政黨;意識形態上,政府的目標不再是一個遙不可及的「共產主義」,而是一個不太遙遠的「和諧社會」;政權的合法性不再基於意識形態之上,而是基於對現代化、增強國力、維護安定、建立社會主義民主等的承諾。許多事例都表明瞭這種政治實用主義,例如,經濟改革從計劃經濟到市場經濟的轉變,在發展過程中允許私人成分的加入、允許外資的流入、認可社會的急劇變

49 十七大以來重要文獻選編(下) [M]. 北京:中央文獻出版社,2013: 263.
50 鄭永年. 開放、競爭、參與實踐邏輯中的中國政治模式 [J]. 中國報道,2011(07): 79-82.

化等等。[51] 有學者在談及中國政治模式時指出，中國政治模式指的是中國的基本政治體制。[52] 中國的基本政治體制在政府與人民的關係上，政府代表全體人民的利益，不像西方的政黨代表不同利益集團的利益。在官員選拔方式上，中國採用的是績優選拔制，西方採取以「多數決」為原則的選舉制。在主要的權力機構上，中國有着先進的執政黨集團，中國共產黨作為使命型政黨，由具有高度覺悟性、紀律性和自我犧牲精神的黨員組成，是能夠真正代表和團結人民群眾的黨。西方以利益集團為基礎的黨派在議會政治中進行競爭以獲取執政權。在防止與糾正行政錯誤的機制上，中國採取的是分工制衡的方式，西方採取的是分權制衡的方式。我們很難去判定甚麼樣的政治體制才是完美的，只有符合本國國情的，能夠促進本國發展的政治體制才是最適於本國的。

51 托馬斯‧海貝勒 . 關於中國模式若干問題的研究 [J]. 當代世界與社會主義，2005(05): 9-11.
52 潘維 . 怎樣判斷中國政治模式的成敗 [J]. 人民論壇，2011(06): 22-24.

三、內部國家制度的崛起 —— 新時代中國模式的生命力

一個國家崛起的核心就是內部國家制度崛起，而外部崛起只是內部崛起的延伸而已。儘管制度是人確立的，但制度比人更可靠；歷史地看，制度更是人們衡量政治人物政治遺產最重要的衡量標準。儘管中共十八大以來，外界關切的焦點主要集中在中國轟轟烈烈的反腐敗運動和經濟的新常態，但如果站在未來的立場上看，中共十八大以來最主要的進步也在制度層面。甚至可以說，無論是大規模的反腐敗運動還是經濟新常態，都為其他方面的制度建設提供了一個環境和條件。當 GDP 主義盛行的時候，制度建設很難提上議事日程；同樣，當腐敗盛行的時候，政治體制和執政黨本身的體制建設也很難提到議事日程上來。在任何國家，制度建設永遠不會終結。如果有了「歷史終結」的觀點，那麼就是制度衰敗的開始。西方是這樣，中國也是這樣。中共十八大以來，在「校正」了此前一些制度發展偏差的基礎上，明確了未來制度發展的方向、目標和路徑。從當前來看，中國模式的生命力主要表現在以下方面。

（一）中國特色社會主義制度體系更加定型

黨的十八大提出了全面建成小康社會和全面深化改革開放的

目標，強調必須以更大的政治勇氣和智慧，不失時機深化重要領域改革，堅決破除一切妨礙科學發展的思想觀念和體制機制弊端，建構系統完備、科學規範、運行有效的制度體系，使各方面制度更加成熟更加定型。新時代全面深化改革的總目標是完善和發展中國特色社會主義制度，推進國家治理體系和治理能力現代化。習近平總書記指出，擺在我們面前的一項重大歷史任務，就是推動中國特色社會主義制度更加成熟更加定型，為黨和國家事業發展、為人民幸福安康、為社會和諧穩定、為國家長治久安提供一整套更完備、更穩定、更管用的制度體系。[53] 十九屆四中全會提出了堅持和完善中國特色社會主義制度、推進國家治理體系和治理能力現代化的總體要求。在各個領域全面的系統的改革中最終形成成熟的制度與國家治理體系和治理能力的總體效應。中國特色社會主義進入新時代以後作出的一系列重大決策與部署有利於促進中國特色社會主義制度逐漸走向成熟、定型。

（二）中國特色社會主義市場經濟制度更加成熟

經濟體制改革仍然是全面深化改革的重點，經濟體制改革的核心問題仍然是處理好政府和市場的關係。以前市場在資源配置中起基礎性作用，十八屆三中全會的重大理論成果就是提出「市場在資源配置中起決定性作用和更好發揮政府作用」。

中國經濟發展進入新時代後，國家發展戰略的側重點轉向如何

---

53 習近平.完善和發展中國特色社會主義制度推進國家治理體系和治理能力現代化 [J].人民日報，2014-2-18.

更好地實現高質量發展上來。我國經濟發展進入新常態，經濟從高速增長進入中高速階段，需要解決的問題是尋找新的經濟發展動力的問題。在中國經濟增長模式的轉型中，完善要素配置的市場化改革是關鍵的一環。十九大報告中提出「經濟體制改革必須以完善產權制度和要素市場化配置為重點，實現產權有效激勵、要素自由流動、價格反應靈活、競爭公平有序、企業優勝劣汰。」2016 年中共中央、國務院頒佈《關於完善產權保護制度依法保護產權的意見》，2020 年 4 月 9 日公佈了《中共中央、國務院關於建構更加完善的要素市場化配置的體制機制的意見》。至此可以看出中國特色社會主義市場經濟體制改革的清晰路線圖。受新冠肺炎疫情的影響全球經濟發展堪憂，疫情更加重了逆全球化的動向，中美貿易戰和中美脫鈎論使全球經濟面臨巨大的不確定性。在這樣的背景下，中國更加需要深化改革，進一步挖掘增長潛力。

我國採取供給側結構性改革，實行「三去一降一補」以解決生產的結構性問題，提高經濟發展質量。進行供給側結構性改革的關鍵是進行科技創新。2008 年金融危機後，西方各國都在講「再工業化」習近平總書記指出，「『再工業化』，實質上就是用新技術推動高端製造業發展。」[54] 當今時代，科學技術的發展突飛猛進，人工智能、基因編輯、3D 打印等技術日新月異。近兩年中美貿易戰的背後是爭奪科學技術價值鏈的戰爭，美國採取多項措施對中國的高新技術企業進行制裁，意在限制中國科學技術的發展。新時代推進科技創新的戰略意義體現在為經濟發展注入新的動力，為總體國家安全提供保障，為實現國家治理體系和治理能力現代化提供條件，

---

54 習近平關於科技創新重要論述摘編 [M]. 北京：中央文獻出版社，2016: 77.

為保障和改善民生提供技術支持。

在貿易保護主義和逆全球化的潮流中，我國堅持對外開放，在更大範圍、更寬領域、更高層次上提高開放型經濟水平。改革開放的 1.0 版是上世紀 80 年代的「請進來」，緊隨其後的 2.0 版是上世紀 90 年代鄧小平南巡後更大規模的開放，叫「接軌」，接下來的 3.0 版則是資本「走出去」。而現在，開放進入到 4.0 版了。一方面，需要更加開放的平台做大事。比如建設自貿區、大灣區、長江經濟帶。另一方面是走出去，在國際舞台上發揮更大作用。像中國這樣大的經濟體，在開放的狀態下把自己的事情做好，維持自己經濟的正常增長，就是對全球化、對其他國家最大的貢獻。中國進一步擴大對外開放，必將會為世界經濟持續向好、經濟全球化深入推進帶來更多重要機遇，為世界經濟增長注入新動能。[55]

（三）堅持和完善中國特色社會主義政治制度

1、中國民主模式初步形成

十八大以來，為適應中國經濟發展的「新常態」，政治改革也在全面推進，出台了一系列全面深化改革的頂層設計，我國人民民主取得了很大發展。我國的政治發展邏輯和民主形式不同於西方。儘管中國模式仍然是一種發展中的模式，也面臨挑戰，但總體來說，這個模式已經初步成形。概括地說，如果說西方多黨制是外部多元主義，中國開放的一黨制便是內部多元主義。內部多元主義具有幾個特點：在政治層面，這是一種精英政治，不同類型的精英都

55　鄭永年 . 中國奇跡源於國家制度優勢 [J]. 中國紀檢監察報，2019-10-21.

可以進入現存體制，分享政治權力。政治過程是開放的，因此，黨內民主變得非常重要。同時，這種內部多元主義不要求政治人物唯選票是瞻，因為領導人的產生更多是依靠選拔，即任人唯賢制度，這就可以避免極端的民粹主義。內部多元主義也能產生對權力的有效制約，例如通過內部的分權和制衡、主要領導人領導職務的限任制、年齡限制等。

從經濟社會層面來看，內部多元主義首先是把諸多的社會利益內部化，讓它們進入現存體制內部來協商解決。它不僅要考慮到一般意義上的人口利益，而且要考慮到不同社會經濟功能界別的利益。反映到體制層面，內部多元主義不僅要類似西方的人口比例代表制，還要反映功能界別利益的制度（在中國表現為政協等制度）。

內部多元主義就是要實現政治、經濟（資本）和社會權力之間的均衡，從而使得這三方面的權力能夠實現可持續的發展。西方民主目前所面臨的問題，就是這三者之間的結構性失衡。全球化使得政府喪失經濟主權，資本處於高度流動狀態，無論是政府還是社會，都無法對資本的權力構成有效制約。同時，「一人一票」的制度大大強化了社會權力，一方面促成政治人物走向民粹主義，同時，通過「一人一票」的政治權力獲得的「一人一份」經濟好處，更使得國家經濟不堪重負。這三方的任何一方都想理性地把自己的利益最大化，但最終的結果是使得整個國家和社會的利益最小化。不管西方多麼反對，中國仍然會追求自己的民主形式。實際上，就民主來說，今天的世界已經呈現出了兩大趨勢，一是民主化，二是民主形式的多元化。不管西方世界多麼反對非西方世界的民主形式，民主形式的多元化已經成為一個現實。這是一個開放和多元的世界，也必然是一個多元政治制度的世界。任何一個政體都需要競爭

者，否則不僅很難進步，反而會急劇衰退。不同政治制度之間的競爭不可避免，在競爭中就會出現較好的政治體制。[56]

十九大報告中指出，中國特色社會主義政治發展道路，是近代以來中國人民長期奮鬥歷史邏輯、理論邏輯、實踐邏輯的必然結果，世界上沒有完全相同的政治制度模式，政治制度不能脫離特定社會政治條件和歷史文化傳統來抽象評判，不能定於一尊，不能生搬硬套外國政治制度模式。要長期堅持、不斷發展我國社會主義民主政治，積極穩妥推進政治體制改革，推進社會主義民主政治制度化、規範化、法治化、程序化，保證人民依法通過各種途徑和形式管理國家事務，管理經濟文化事業，管理社會事務，鞏固和發展生動活潑、安定團結的政治局面。在我國，發展社會主義民主政治的目的是要體現人民意志、保障人民權益、激發人民創造活力，用制度體系保證人民當家作主。[57]

2、中國共產黨的「自我革命」

制度建設是中共十八大的主題，更是中共十九大的主題。中共十九大成立依法治國領導小組已經發出一個明確的信號，那就是要把制度建設提到最高議事日程上來。就制度建設而言，中共十九大釋放出的最為重要的信息便是中國共產黨對自身現代性的重新界定。經過「自我革命」，這是一個新的政黨，或者說是一個新時期的政黨。自改革開放以來，無論海內外都在討論中國方方面面的現

56　鄭永年. 中國民主模式初步成形 [N]. 人民日報海外版，2014-06-09.

57　習近平. 決勝全面建成小康社會奪取新時代中國特色社會主義偉大勝利 —— 在中國共產黨第十九次全國代表大會上的報告 [N]. 北京：人民出版社，2017: 36.

代化過程和所獲得的現代性。不過，在很大程度上，人們一直忽視了中國共產黨本身的現代化和所獲得的現代性。實際上，如果不能理解中國共產黨的現代化和現代性就很難理解中國其他方方面面的現代化和現代性。一個最重要的事實就是：中國共產黨是中國的政治主體，是唯一的執政黨。也就是說，中國共產黨決定了中國的一切。所以，討論中國的現代化首先必須討論中國共產黨的現代化。如果中國共產黨沒有現代化，那麼就不會有國家的現代化：如果中國共產黨自身實現不了現代化，那麼就會拖國家現代化的後腿；如果中國共產黨自身首先實現了現代化，那麼就有能力引領國家的現代化。簡單地說，中國所有其他方面的現代化包括經濟、社會和文化等方面都取決於政治的現代化，也就是作為政治主體的中國共產黨的現代化。自中國共產黨成立以來就非常重視黨自身的建設，通過歷次的「運動式治理」進行「自我革命」。作為執政黨，「從嚴治黨」也一直都是中國共產黨高層所特別強調的。自 1987 年中共十三大以來，每次黨代表大會的報告都會特別強調「從嚴治黨」。不過，中共十八大之後，更進一步提出了「全面從嚴治黨」。2014年習近平在黨的群眾路線教育實踐活動總結大會中首次提出「全面從嚴治黨」，並在之後成為「四個全面」中的最後一個「全面」。

　　十八大以來，中國政治領域發生了諸多重大的變化。中國共產黨是中國的政治主體，重大的政治變化都是圍繞黨自身的變化，因此，這裏所說的「政治領域」的變化指的是在中國共產黨內部所發生的變化。再者，中國共產黨內部的變化也具有「外溢性」，導致了其外部各方面關係的變化，包括黨政關係、黨軍關係、黨和經濟的關係、黨和社會的關係等等。不難觀察到，中共十八大之前中國共產黨所發生的變化大都是調整其外部關係，即執政黨對社會經濟變

化作出「與時俱進」的調整和適應。各種調整往往表現為反應性和被動性，在一些時候更是表現為「不得不」的方式。而中共十八大以來所發生的變化主要是內部的，也就是這裏所說的「自我革命」。黨內所發生的變化已經遠超出內部關係的調整，而是諸多重大關係的重新構造，涵蓋了上至頂層權力運作機制下至黨內政治生活準則在內的各個領域。[58]

十八大以來中國共產黨進行了前所未有的「自我革命」，在矯正「領導弱化、黨建缺失、從嚴治黨不力」的情況下重新界定和獲取現代性。面對「四大挑戰」和「四大風險」，黨中央作出了重大部署，解決黨內存在的突出問題，並將制度建設提到議事日程上來，鞏固黨的領導權。在黨的隊伍建設上，重視共產黨人的精神建設，強調共產黨人要補足精神上的「鈣」，要有堅定的共產主義信仰；十八大以來的強力反腐，「老虎」、「蒼蠅」一起打的決心贏得了民心，反腐倡廉工作，黨風廉政建設都取得了很大成就；將權力關進制度的籠子裏，真正做到權為民所用，依法用權，公正用權；抓領導幹部這些「關鍵少數」，提高領導幹部的能力，建設和培養一支忠於黨、忠於人民、忠於社會主義現代化的幹部隊伍等等都是強化黨的自身建設的重大舉措。

（四）實現制度優勢的關鍵 —— 中國共產黨的領導

制度優勢的背後，其實還在於執政黨。中國共產黨不僅是一個

---

58 鄭永年. 中國共產黨的「自我革命」—— 中共十九大與中國模式的現代性探索 [J]. 全球化，2018(02): 11-19.

執政黨，更是一個使命黨。它從成立之初，就有它的使命，那就是通過向老百姓提供公共服務，包括經濟發展、社會服務、穩定社會秩序，讓人民群眾產生獲得感。強調初心，就是強調黨的使命。中國共產黨執政的政治認同基礎，就是看有沒有實現這個使命，具體來說就是向人民承諾的要做的事情、對中華民族所承擔的責任。如果能夠通過完成自身使命，讓老百姓產生獲得感，那執政黨就可以實現長治久安。從 2020 年的全面建成小康社會，到 2035 年的基本實現社會主義現代化，再到 2050 年的建成社會主義現代化強國，中國共產黨有長遠的使命，也有階段性的使命，這些都是看得見摸得着的使命。進入新時代後，用最直白的話來說，就是要幹，實幹興邦。重點是進行制度建設，對現有制度的鞏固、優化、改善，是沒有止境的，而中國共產黨自身的初心、使命、宗旨都決定了它是實現制度優勢的關鍵所在。[59]

在慶祝中國共產黨成立 100 周年大會上，中共中央總書記、國家主席、中央軍委主席習近平指出：「實現中華民族偉大復興進入了不可逆轉的歷史進程。」要理解「實現中華民族偉大復興進入了不可逆轉的歷史進程」，我們可以從外部和內部兩個維度來看。

外部方面，中國有幾次現代化進程中斷的原因都主要來自外部。1840 年以來，中國在鴉片戰爭中被英國打敗、在甲午戰爭中被日本打敗，逐步淪為半殖民半封建社會，國家蒙辱、人民蒙難、文明蒙塵。為實現中華民族偉大復興，從孫中山先生的「三民主義」到中國共產黨成立新中國，中國人民一直沒有放棄追求現代化。隨着中國特色社會主義進入新時代，儘管現在一些西方國家還是試圖

---

59 鄭永年 . 中國奇跡源於國家制度優勢 [J]. 中國紀檢監察報，2019-10-21.

在政治、經濟等各方面對我們施加壓力，但中國已經不會再被遏制、被圍堵了，這是提出「進入了不可逆轉的歷史進程」這一判斷的重要原因。中國已經強大起來了，圍堵策略或許可以拖慢中國的現代化進程，但無法中斷中國的現代化道路。面對一些西方國家對華的試圖「脫鈎」政策，中國可能會受到一點負面影響，但中國目前的發展階段決定了外部力量不能阻擋我們的發展。

內部原因是更為重要的方面。為甚麼中國在鴉片戰爭時被英國打敗、甲午戰爭時被日本打敗，主要是因為當時的中國社會內部沒有一個強有力的政治主體，從晚清到民國軍閥割據的時代，再到被日本帝國主義侵略，都缺乏統一的領導實體。而現在，「實現中華民族偉大復興進入了不可逆轉的歷史進程」主要歸因於以下三方面因素：一是中國共產黨的堅強領導；二是中國經過幾十年的經濟發展，已經躍升為世界第二大經濟體；三是中國擁有可持續的社會穩定，以及可持續的政治制度的支撐和領導。我們可以看到，中國共產黨作為一個政治主體是具有強大生命力的。中國幾千年的發展歷史告訴我們，執政者強大，國家就強大。所以，古語「內憂外患」是有相應的政治邏輯的，「外患」只有通過「內憂」才能發揮作用，「內憂」解決了，「外患」就很難打敗我們。[60] 所以，中國共產黨的領導是實現中華民族偉大復興的根基。

中國模式是在中國傳統、近代經驗和當代探索的歷史過程中逐漸形成的。中國特有的政治經濟模式的形成受多方面因素的影響，既包括中國自身內部的因素也包括發達國家、蘇聯以及整個國

60 鄭永年. 如何走好「中國式現代化新道路」？ [EB/OL].IPP 評論，2021-07-20, https://www.163.com/dy/article/GFEBDOLT0514BTKQ.html.

際發展形勢等外部因素的影響。當談及某種「模式」時，並不是說這種模式的各個方面都一定是好的，西方模式、蘇聯模式、日德模式、智利模式等等都各有其特點和適用性。中國模式在形成的過程中所提供的也不僅僅是經驗，也有探索失誤中的教訓。中國模式還是一個處於發展中的模式，中國模式中存在一些一以貫之的恆定不變的東西，中國模式中也存在着在中國現代化探索的過程中逐漸形成和固定下來的東西，中國模式中還存在着很多沒有固定下來仍然處於探索過程中的因素。在新時代推動中國特色社會主義制度更加成熟、定型仍需要在中國為實現社會主義現代化強國的實踐中不斷探索。中國走的是一條中國式現代化新路。

可以說，中國式現代化新道路，為世界上許多既想發展又想實現真正獨立的國家提供了一個可借鑒的發展模式和樣本。走好中國式現代化新道路需要我們在未來進行不斷的探索。要注意的是，一方面，走回頭路肯定不行的；另一方面，我們的現代化不是變成另一個美國或者歐洲，不能照抄照搬其他國家的模式。要根據本國文化和本國國情，在實事求是的探索中追求現代化，既要發展又要堅持獨立，這才是中國模式對其他國家的借鑒意義。從經濟領域來看，堅持發展和獨立，一是要擴大開放，並堅持以我為主。新型舉國體制下的科技創新，不是關起門來自己創新，而是在開放狀態下的創新。二是堅持中國特色的經濟發展模式，我們不是所謂的國家資本主義，我們要充分發揮國有資本、民營資本和混合所有制經濟的作用。三是要實現包容性的發展，促進分享經濟的發展，實現全體人民的共同富裕。從政治領域來看，中國共產黨是使命型政黨，通過長遠規劃來實現遠大使命。我們走的是政府與社會各方協商合作的治理道路，通過社會組織、人大、政協等積極參與來實現中國

特色社會主義民主。改革開放就是以中國方式追求現代化的價值。外交領域也是如此。新中國成立初期，我們就施行「不干預」政策，現在中國強大起來了，仍然堅持「不干預」政策，並且把資源集中投入到了經濟建設之中。[61]

61 鄭永年：如何走好「中國式現代化新道路」？[EB/OL].IPP 評論，2021-07-20, https://www.163.com/dy/article/GFEBDOLT0514BTKQ.html.

現代化發展模式的
國際比較

現代化的思想最早起源於 15-17 世紀的西方，是人的理性和對國家主權意識的覺醒，人們遵循着這種意識，對生產方式和政治制度進行變革。在西方這片土壤上，現代化取得了巨大的成功，西方人以此形成了現代化發展理論，並被全世界許多國家和地區仿效。但是每個國家和地區的文化、宗教以及發展理念存在着一定的差異，各國家和地區的現代化發展也不能一味的遵從西方的現代化發展理論。一些發展中國家和欠發達國家基於自身的歷史、文化以及制度背景，借鑒西方現代化發展的經驗，探索出了一套符合自己國情的現代化發展模式，例如亞洲四小龍的發展型政府模式和第三世界國家的依附發展模式，而蘇聯則走出了完全不同於西方現代化發展的中央計劃模式。

然而，世界各國自二戰結束以後尤其上世紀 90 年代初蘇聯解體以來形成的現代化發展模式，在此次全球新冠肺炎疫情衝擊下，正在面臨着前所未有的挑戰。新冠疫情作為一個透視鏡，為人們重新觀察、分析世界各國現代化發展模式的優劣提供了新的視角。二戰後，西方國家希望通過全球化的方式將自己的現代化理論向全球拓展，並且與蘇聯形成了爭霸局面。蘇聯解體後，西方逐漸開始了超級全球化的拓展，西方新自由主義在世界範圍內形成霸權，利用國際組織、跨國公司和硬實力（美元、科技），在全球範圍內整合產業鏈，並向全世界輸出軟實力。到上世紀 80 年代，世界的全球化已經進入到了「超級全球化」階段，是一種不再以主權經濟體為基礎的全球化，主權國家失去了它的經濟主權，產品形式從整產品變為組裝品。

這次新冠疫情給超級全球化帶來了危機，包括社會危機、政治危機以及國際秩序危機，超級全球化和全球產業鏈都出現了嚴重問

題。過去的超級全球化模式在疫情過後慢慢轉向「有限全球化」，強化主權政府的經濟主權。在全球產業鏈的變革中，已經不再是單純的經濟問題，而是融入了各國政治和社會穩定的需要。這次疫情中，美國不僅沒有提供有效的抗疫方案，還面臨着疫情之下的抗議示威活動，美國也正逐步退出國際組織。可以看出，通過此次疫情，美國的領導力在逐漸下降，因為它沒有在這場全球危機中發揮應有的領導作用。這些危機對中國來說既是挑戰也是機遇，未來的中國需要更多的創新能力，升級產業鏈與技術，擁有更多原創性的創新技術。同時，此次疫情也給了我們重塑外交關係的機會。需要注意的是，即使美國的領導力下降了，我們依舊不能輕視美國，要始終保持開放的態度看待美國，打造更大的開放格局。

一、現代化發展比較的理論分析框架

（一）現代化發展的西方政治哲學起源

現代化問題就是發展的問題，是人類正在經歷的發展過程，包含着生產力的提高、生產方式的改變以及文化和人的現代化轉變。發展是一種現代意識形態，人類社會作為一個整體或者發展中的一部分是在不斷積極變化，在不斷發展的，西方在率先進入現代化之後產生了發展的社會意識，具體來說，現代化表現為一個從神權文化到世俗文化、從同質性文化到異質性文化的演進過程，即從信神、注重來世、反對變化的觀點轉變為世俗的、現世的、向前看、擁護變革的觀點。

現代化思想起源於 15-17 世紀的西方，並且是個複雜的歷史過程。文藝復興時期的哲學轉向對人的現世生活的關注，將滿足人的現實需求作為一種自然的、理性的選擇。宗教改革客觀上進一步解放了人的思想，給予人以獨立的、自由的思想權力。啟蒙運動強化了理性的重要性，對知識的批判考察，對迷信的理性批判，確立了科學知識的可靠性基礎，推動數學、天文學、物理學等科學的發展。宗教體系衰弱導致國家主權思想興起，現代政治意識形態隨即圍繞着人的理性、人權、國家主權開始出現。人的理性就是對於人認識世界和人類社會本身的能力的肯定，科學是人的理性的外化，

人的理性的體現。國家主權的概念隨着宗教改革和民族國家興起而出現，其真正含義是使得政治權力世俗化，規範了王權。「主權在民」的觀點使得主權包含了對於「人的理性」的肯定，人通過理性的思考來制定法律，然後通過法律來規範國家、政治、社會、經濟生活。傳統的宗教體系和王權體系被國家主權和人權所取代。人們把英國革命和「光榮革命」看作現代政治的開端。英國革命的出現，是一種制度的滅亡，也是一種武斷的、不受約束的權力的消失。英國革命另外一個重要意義是催生了對主權和人權重要性的論證。他們體現在現代政治哲學的兩部經典著作中，即霍布斯的《利維坦》和洛克的《政府論》，理性主義和人道主義一起構成了現代思想的主流。可以說，近現代政治發展史就是國家主權和人權博弈的歷史。

回顧歷史，有關「何為發展」、「誰之發展」和「如何可以實現發展」的話語權一直掌握在西方手中。不得否認的是，人類近現代歷史就是一部西方文明的擴張史，包括理念層面、制度層面和器物層面，我們都是生活在「西方創造」之中。換句話說，人類現在主要是生活在西方創造的主權國家和市場經濟兩大制度，以及支撐它們的意識形態和它們創造的物質文明中。[1]

現代化變革是人類正在經歷的一場關於揚棄傳統、不斷奔向未來的過程。傳統的政治經濟模式逐漸被現代化發展模式取代。工業生產取代農業生產、工業文明替代農業文明、商品經濟取代自然經濟、民主代替專制、開放發展代替封閉發展。現代化變革

---

1 張嚴冰 . 發展理念的西方政治哲學起源與當前之問題 // 宋磊、朱天飈主編 . 發展與戰略 —— 政府、企業和社會之間的互動 . 北京：北京大學出版社，2013.

包括生產方式的變革、政治制度的變革和精神文明的變革。生產方式的變革可以追溯到 18 世紀的英國工業革命和法國大革命，是由傳統農業向工業化變革的現代化進程，工業化改變了自然經濟的自給自足，開始大規模為了商品交換而生產，對能源和資源的利用更加有效和充分，工業革命確立了現代社會發展的模式。在政治制度的變革中，政治發展趨向民主化，政治管理趨向分化與整合。西方各國在民主化的道路上不斷探索，英國議會在 1649 年與王權的鬥爭中勝利，建立了為資產階級服務的國家政權，其資產階級民主制度的建立成為現代化進程的開端；美國現代化的道路上，繼承了北美殖民時期的歷史傳統，以分權原則建立了分權制度和三權分立制度；法國大革命時間長且過程慘烈，1789 年法國人民攻佔巴士底監獄後，頒佈了《人權宣言》，確立了法國現代社會的原則，但是直到 1830 年才基本克服了傳統王權專制的影響。精神文明的變革指引着現代化，為現代化提供了精神動力。精神文明的現代化進程大致可以分為文藝復興的人文主義、啟蒙運動時期的理性主義、科學主義和人本主義並行三個階段。精神文明的變革不是指單一的某個國家的現代化，而是人類整體從傳統向現代轉化的精神歷史進程 [2]。

現代政治思想源於西方，在主權和人權的衝突中促使西方政治不斷變革和發展，並取得了一定的成功。因此，西方國家以西方政治經濟學為基礎，形成了一套自成體系的發展理論，這套理論實際上是借用了西方政治經濟學的概念體系和理論框架來討論原來被西方控制的殖民地、後來獨立的欠發達國家的政治經濟運行。西方文

2   吳春敏 . 現代化變革的哲學審視 [D]. 北京市：中共中央黨校，2019.

化中以人權和國家主權為核心的發展理念在當今世界遇到了很大的挑戰。因為很多國家包括殖民地並沒有西方社會的傳統，文化也存在很大差異。二戰後，許多發展中國家的現狀表明，西方的政治經濟制度並不適合發展中國家的發展。政治發展不是不顧自身傳統的發展，而是基於各國歷史傳統、社會文化狀況的基礎之上，有利於各國政治穩定、經濟發展和文化繁榮。基於這個觀點，很多發展中國家在發展的道路上不斷嘗試，創造性的走出了適合自己國情和傳統文化的現代化發展之路。

（二）現代化模式劃分的既有研究

一是按動力淵源劃分 —— 內發型與外發型。第一類按現代化模式的動力淵源（來自內部或來自外部）劃分為兩種大類型：一類是由社會自身內部力量推動的現代化，由內部社會變遷，不斷向前演進，從而推動歷史前進的現代化，這種現代化稱之為內發型現代化；另一類是在國際環境發生巨變，一國社會受到外來衝擊，從而引發社會內部變革，推動社會向前演進的現代化，這種現代化較之內發型現代化，具有明顯的外部作用特徵，稱之為外發型現代化。人們稱這類分法為雙元主義，這種雙元主義劃分似乎廣為流傳並被接受。一些學者也採取這類雙元主義的分法。如台灣地區蔡明哲教授主編的《邁向現代化》一書中對此作了進一步發揮。

其圖式如下：[3]

3　蔡明哲，陳秉璋，陳信木 . 邁向現代化 [M]. 桂冠圖書股份有限公司，1993：14-15.

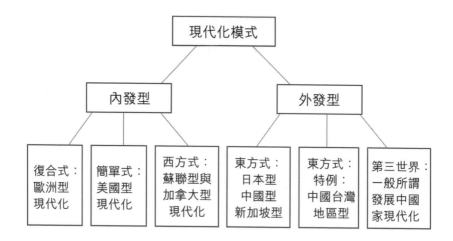

　　內發型現代化和外發型現代化各自具有不同的作用特徵：第
一，內發型現代化主要是社會內部的一種自上而下、逐漸變革的自
發歷史過程；而外發型現代化，是在自身發展受阻、前進動力不
足、社會衰弱的情況下，受到強烈的外部作用，這些外來的作用因
素，強烈地衝擊原有社會基礎，對原來社會傳統文化、思想觀念、
經濟技術以及政治發展等造成挑戰，成為社會變革的主要推動力。
第二，由於內發型現代化的原動力主要是由社會內部孕育起來的，
它本身具有很強的自我適應能力和調節能力，能夠使突發性的暴動
控制在一個相對短暫的時期，能夠相對平穩地推進自身現代化的進
程；而外發型現代化，它的原動力主要是外來生產要素的移植，
在傳統與現代的矛盾博弈中，現代生產力和傳統生產關係的相互適
應往往需要一個相對漫長的過程，因此，外發型現代化主要發生在
一些欠發達的國家和地區。[4] 第三，由於現代化的核心是工業化，
內發型現代化的基本發展邏輯是，優先發展工業，通過現代工業革

4　李開林. 羅榮渠現代化思想研究 [D]. 黑龍江省：哈爾濱工業大學，2014.

命極大地提高社會生產力，使現代生產力滲透到經濟生活的方方面面，從而帶動其他方面的發展和變革；外發型現代化則不然，它的發展邏輯恰恰相反，一般是通過接受和學習外來先進思想文化，也就是先進行社會思想層面的現代化，取得社會共識後，再發動政治革命，之後進行現代工業化發展。當然有的國家和地區政治革命並未取得成功，但外發型現代化的基本順序是不變的。

二是按社會形態或制度劃分 —— 西方資本主義現代化類型、蘇聯式社會主義現代化類型、混合式現代化模式。第二類按社會形態或制度將現代化模式劃分為三類。我國著名歷史學家、當代中國現代化理論的主要開創者羅榮渠教授則把現代化模式歸納為三大發展類型：

第一種為西方資本主義現代化類型。這種現代化模型的經濟發展格局是：「資本主義私有制＋自由市場＋分權型或集權型現代國家機構」，這種類型的代表有英國模式、美國模式、德國模式、日本模式等。西方資本主義類型完全是自發形成的，但其歷史發展並不是沿着平穩的不斷上升的路線行進，而是經過長時間的演變，在一連串週期性大波動（兩次世界大戰和一次大蕭條）中的上升趨勢。20 世紀下半葉，發達工業國家發生了新的結構性變化，最突出的是單個資本家所有制向公司所有制發展、國有化成分與計劃性的增長、所有權與經營權分離、對自由市場加強調節等等。觀察家認為，資本主義發展模式正日趨多樣化，未來的資本主義很可能變成更為集體化的資本主義。

第二種為蘇聯式社會主義現代化類型。它的基本發展格局是：「社會主義公有制＋計劃指令與有限市場結合＋集權型現代化國家機構」。這一發展模式不是傳統社會向現代化過渡的自發形式，而

是原生的資本主義發展模式的對抗發展形式。蘇聯模式是在資本主義發展危機的年代裏形成的，因而在政治設計上具有反資本主義所有制、追求社會公平、把改變階級結構作為模式創新的決定性要素等。20 世紀 50 年代以來，其他國家社會主義現代化的實踐基本上是仿效蘇聯模式，然後才轉入創新的探索。然而，80 年代末蘇聯出現的發展性危機已使這個國家大解體，而中國也早已擺脫蘇聯模式轉向探索具有中國特色的社會主義現代化新模式。由此可見，社會主義經濟的歷史發展是一條上升趨勢中伴有更加劇烈大波動的路線。

第三種是第三世界發展中國家的混合式現代化模式。其基本格局是：「混合經濟＋自由市場＋集權或分權現代國家機構」。這種模式是前兩種發展模式的結合，也可以稱之為正在實驗中的替換模式，尚處在形成之中。其特徵是：就市場體制而言，接近於資本主義模式，而且具有明顯的面向世界資本主義市場的外向型特徵；就傳統體制仍繼續起重要作用而言，接近社會主義模式；在政治上帶有明顯的反西方主義色彩，在經濟上則受西方強大吸引力或仍然不能擺脫依賴性，從而在有的地區形成一種邊緣資本主義發展模式。[5]

以上現代化的三大類型，西方資本主義現代化是初始的原生模式，其他兩種都是後進與晚近的模式。第一種發展模型起源於西歐，後從西歐擴展到其他地區；第二、三種發展模型則是屬於非西方式的，它們帶有理想型的定向發展特徵，這是現代化進程在 20 世紀以後才出現的新現象。但必須指出，這三大發展類型都處在現代化工業主義的共同影響下，因此三者都在相互影響之中發展。

5　羅榮渠 . 現代化新論 [M]. 北京大學出版社，1993: 150-158.

（三）政經制度與全球化互動的分析框架

　　本研究以國家內部的政治、經濟制度性質作為考察依據，即主要考慮各個類型的共同特徵中的兩個變量：（1）政治制度：議會民主政治還是權威主義政治體制或混合體制；（2）經濟制度：自由市場經濟還是政府主導下的市場經濟或計劃經濟。由於各國在探索現代化發展的時候，政治經濟制度與全球化的互動中會表現出不同的性質，出現不同的選擇和道路。因此，按照這種分類方法世界現代化則可以有諸多類別，比如英美模式、蘇聯模式、東亞模式、第三世界國家模式、中國模式等等。

　　如下圖所示：

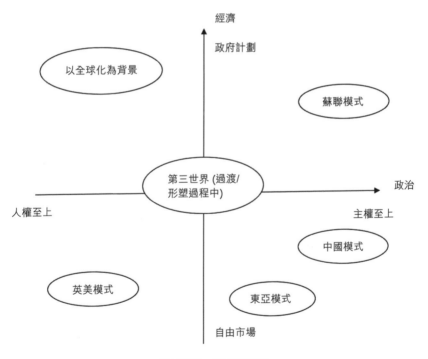

資料來源：筆者自製圖

從政治上看，英美模式是議會民主制，集中強調「個人」本位。在近現代，西方個人本位的思想已成為西方政治文化的首要原則，這種原則倡導個人的無限自由和平等；蘇聯模式、東亞模式、中國模式則是權威主義政治體制，這種類型的政治管理模式側重於「集體」本位，「集體主義」觀念相對於西方國家和地區而言，是強烈、清晰，且堅定的。它提倡漸進的可控的人權與民主化進程，認為過急、過快的人權與民主化進程會帶來社會混亂；最後是第三世界國家模式，屬於混合體制。從經濟上看，英美模式是自由市場經濟，東亞模式則是市場經濟與國家干預相結合[6]，比如，日本經濟制度的核心是自由競爭，政策調控與經濟計劃是在基本維持自由市場制度的前提下進行的，但調節經濟的競爭原理與計劃原理兩者比重，日本較英美等國家而言，後者更大，而且干預的力度也更強。蘇聯模式是高度集權的中央計劃經濟體制，經濟基本上是單一國有制，政府甚至需要為小規模經濟決策，設定數萬種價格和產量。而中國模式是社會主義市場經濟，與西方不同，中國最大的各類企業都是國有制，這使中國能進行最大規模的社會化生產。但跟其他所有國家一樣，佔中國經濟比重最大的並不是大型企業，而是數以億萬計的中小企業。但中國的國企和私企互為補充，與西方「混合經濟」和蘇聯經濟體制有根本不同。

　　實際上，從上世紀 80 年代到現在為止的全球化，可以被稱之為「超級全球化」（或無限度的全球化）。以美國為主的西方發達國家作為全球化的積極推動者，利用其在國際貿易、國際生產和投資以及在高新技術產業上的優勢和壟斷地位，在經濟全球化進程中逐

6　陳峰君 . 論現代化發展模式 [J]. 國際政治研究，2000(2): 86-93.

漸建立起有利於發達國家的國際經濟秩序，並成為經濟全球化的最大受益者。政治方面，國際組織則對主權國家的主權產生了重要的影響，特別是發展中國家主權的行使受到了前所未有的限制。因此，世界各國的政治經濟制度始終受到整個全球化發展的影響，國家的自主性在全球化環境中是受到約束的。在過去幾十年中，各國的現代化發展模式也是伴隨着以美國為主導的西方發達國家所推動的全球化有着密切關係的。

然而，2020 年，新冠肺炎疫情給世界帶來巨大衝擊，疫情已經持續了半年，但似乎仍未有停止的跡象。改變，已經不可避免。這些改變，既存在於經濟層面，也作用於政治層面，對主權國家社會以及國際社會，也將有所重塑。後疫情時代的世界，雖然「超級全球化」已經走不下去了，但全球化不會停止，只是形式內容將會改變，[7]疫情過後的全球化將進入一種「有限全球化」的時代。

7　王言虎 . 鄭永年：「超級全球化」已無可能，疫後世界將進入「有限全球化」[EB/OL]. https://mp.weixin.qq.com/s/QJniXOLeiluwnJhQkALZsQ,2020-06-18.

二、英美模式 —— 新自由主義

（一）發展歷程

英美模式又稱「盎格魯—撒克遜」模式，起源並興盛於英國，後由美國發揚光大，是世界現代史上迄今為止影響最廣泛的發展模式之一。英美模式是自由市場經濟體制與政府有限干預的結合。由於該模式是建立在美國高度發達的自由資本主義市場經濟的基礎上的，所以又被稱為「自由主義市場經濟模式」。

英美模式主要經歷了三個階段：第一階段是古典自由主義階段，英國開創的古典自由主義發展模式以古典自由主義為理論基礎。英國經濟學家、哲學家亞當·史密斯以「自然秩序」思想為指導，強調市場機制是推動經濟發展的「看不見的手」，反對政府干預經濟活動。[8] 這一時期經濟模式的特點是實行自由放任的市場競爭，同時也有效保護私有財產，大力發展和維護全國的統一市場，從而為企業提供了一個良好的市場環境。在自由主義思想的推動下，英國迅速崛起成為了 19 世紀世界頭號強國。到 19 世紀末期，美國的經濟總量躍居世界第一，成為古典自由主義經濟模式的又一成功

8　中央黨校國際戰略研究所課題組. 國際金融危機下的英美發展模式 [J]. 當代世界與社會主義，2011(2): 4-6.

範例。古典自由主義要求限制政府或國家在經濟、社會生活中的作用，在經濟上實行自由放任政策，靠市場自動調節供求關係；政治上強調政府或國家不得妨礙、損害個人自由；在社會生活中，自由主義者要求人們自己承擔起對自己的責任，而不依賴於政府，靠個人奮鬥來實現「美國夢」（American Dream）；在社會生活中，自由主義者希望政府「別管我」（Leave me alone），讓我自己來。然而，1929-1933 年那場美國經濟前所未有的大危機成為了自由主義的轉捩點，使原先被奉為神聖的古典自由主義的市場調節理論失靈了。

在應對「大蕭條」的過程中，英美模式進入到第二階段凱恩斯主義，標誌就是羅斯福「新政」和凱恩斯出版的《就業利息和貨幣通論》。凱恩斯主義並沒有完全摒棄古典自由主義，而是對古典自由主義進行一系列「修正」。一方面，凱恩斯主義在國家的經濟社會政治生活領域引入了國家干預的因素，具體表現為擴大政府的職能，俗稱「大政府」；另一方面，凱恩斯主義更加注重政治上的平等權利以及社會上的平等主義，在政策實踐中試圖實現通過權利革命實現社會公正的目標。從羅斯福到詹森，當代自由主義在美國社會政治中的影響一直呈上升趨勢，美國的經濟逐步回升，也增強了綜合國力。到 1968 年達到了巔峰。凱恩斯主義延續了 40 多年，直到 20 世紀 70 年代在美國發生了嚴重的「滯脹」現象時才被拋棄。但是，也有理論家也指出當代美國的自由主義自誕生之日起就孕育着衰退的種子，因為政府對社會經濟生活的干預作用本身就與美國個人主義的文化傳統相悖逆，這種矛盾遲早有一天會被激化。[9]

9　趙可金，倪世雄. 自由主義與美國的外交政策 [J]. 復旦學報（社會科學版），2006(2): 11-18+33.

英美模式第三階段為列根—戴卓爾主義,它是 20 世紀 80 年代美國總統列根和英國首相戴卓爾夫人各自在本國推動的經濟社會發展模式。列根—戴卓爾主義的理論基礎是新自由主義。新自由主義的基本觀點是大力倡導自由化、私有化和市場化,它在繼承古典自由主義關於必須推行自由放任的市場機制的同時,並不完全拒絕利用國家干預來穩定市場的運行秩序。此外,新自由主義認為,經濟的相互依存會導致政治的相互依存,經濟上的合作產生「共贏」;政治上通過建立互信機制來進行合作,同樣可以產生「共贏」。因此,在一個經濟上越來越相互依存的世界上,看待國際關係的視角也應該發生變化。事實上,90 年代以來,經濟全球化迅猛發展,世界性的跨國公司規模不斷擴大,名目繁多的國際非政府組織(INGO)和國際間政府組織(IGO)如雨後春筍般湧現。在此情況下新自由主義者提出的「全球主義」、「國際治理」以及「全球共同體」至今在人類生活和國際政治中都具有極為重要的意義。

(二) 主要特點

冷戰結束後,以新自由主義為理論基礎的英美模式盛極一時,在全球化浪潮中影響了世界大多數國家和地區。自由主義是英美模式區別於其他發展模式的主要特徵,也是英美模式的本質。新自由主義理論建立在古典自由主義的基礎之上,以反對和抵制凱恩斯主義為主要標誌。其主要特徵是:第一,提倡小政府大社會,主張減少政府的干預,遵循自由市場最大化原則。美國是崇尚自由放任經濟理論的國家,長期盛行自由主義。雖然美國每一屆政府,尤其是在經濟危機以後,都實行了政府干預商品經濟的政策,但是相對於

其他國家而言，美國政府在資源配置上所起到的作用非常有限，大部分都是以維護市場經濟秩序為目的，但是對市場經濟方向上的干預可以說是微乎其微。第二，實行自由企業制度，政府既不干預企業的運作也不通過全國性政策制約企業行為。美國市場經濟體制的基石是自由企業制度。企業作為市場活動的獨立主體，擁有比較完整、充分的權利，企業通常可以自行決定其生產內容、生產規模以及技術路線等微觀決策。當然，美國政府賦予企業的這種「自主性」也是建立在較完備的法律基礎上的，美國較大的公司一般都設立法律部，而較小的公司也會聘請專職律師負責相關法律事務。第三，英美模式強調個人主義，注重營造寬鬆、自由的環境。

英美模式與美國人的個人主義價值觀有着不可分離的關係，個人獨立的自由主義精神在美國深深影響着許多人，正是在這種根深蒂固的價值觀基礎上，美國政府對市場經濟的干預必須以個人財產的獨立性為基礎，即政府要為個人營造一個寬鬆、自由的環境，企業的戰略也要受制於個人的意願。[10] 因此，這種經濟模式也被稱為「自由資本主義」模式。

（三）全球霸權

迄今為止，真正的全球化霸權只有英美兩國，而英美兩國之間不僅和平讓渡了全球經濟體系的領導權，還在兩次試圖挑戰該體系的二次世界大戰中聯手合作，最終獲取了戰勝國地位並維持了該體系的穩固。全球資本主義的政治經濟體系首先在英國生根，然後在

---

10 劉霞. 對盎格魯—撒克遜市場經濟模式的分析 [J]. 品牌研究，2018(3): 198+283.

歐洲傳播，如今靠美國維持。[11]20 世紀 80 年代，全球化作為美國征服世界的經濟戰略，得到了大力推廣。具體來看，美國主要是通過國際組織、跨國公司、文化、科技、軍事、美元等方面來制定有利於自己的經濟規則，從而建立能夠被美國掌控的世界經濟秩序。

一是幾乎所有國際組織的誕生都有美國的添磚加瓦。二戰後世界秩序需本待重整，而此時的美國由於遠離二戰中心區域，因此受到的損失相比其他國家要小很多。戰前由英法等歐洲強國主導的世界格局被打破，美國的國際地位有了顯著的提升，因此有了更多的力量和資源建設國際組織，並就此開始了佈局計劃。例如為了對抗蘇聯史太林共產集團的挑戰，美國聯合歐洲和北美諸國建立了北大西洋公約組織（簡稱「北約」）。而這些國際組織在戰後幾十年內也一直被視為美國影響力的延伸。二是英美國家的跨國公司進行全球戰略部署，力圖實行全球範圍內的資本壟斷與控制。20 世紀80 年代以來，英美國家的跨國公司依靠其雄厚的經濟實力成為國際直接投資的主要承擔者，將觸角伸向各個經濟領域，對全世界的投資、生產、貿易和金融等都起着越來越大的作用。[12] 僅從跨國公司在全球生產領域中的壟斷與控制來看，如在傳統製造業方面，世界飛機製造業主要集中在八家大公司，其中美國六家、英法兩國各一家。汽車及零部件業也主要集中在通用、福特、大眾等十家最大的汽車公司，其產量佔全球汽車產量的 80%。三是在冷戰結束後的全球化時代，美國大眾文化的全球蔓延與文化軟實力的推廣。獨

11　理解中美修昔底德陷阱：全球化的本質 [EB/OL].2020-04-12.

12　齊蘭，曹劍飛 . 當今壟斷資本主義的新變化及其發展態勢 [J]. 政治經濟學評論，2014(2): 117-140.

特的文化體制、多元的文化特性、市場的驅動和價值觀資源構成了美國文化的活力，而其中市場經濟的因素佔據了主導地位。[13] 以好萊塢的商業文化模式為例，在走向全球化的過程中，好萊塢遵循了「在每個文化中找到共鳴並因此被當作『本地人』看待」，好萊塢電影理論的建構就是「基於作品的世界性」之上。2018 年全球電影票房達到 417 億美元，其中好萊塢收入 290.75 億左右，佔全球市場的 70%，這充分顯現出好萊塢電影在全球化體系裏的擴張與傳播。美國的「霸權」以文化的形式，強力展示其價值觀，這是美國統治世界的有力武器，也是軟實力得以發揮作用的主要方式。四是全球化使美國的經濟、軍事、科技等領域全面強大。美國的全球化體系中，美元作為貿易和結算貨幣，使得美國能夠獲得全球的印鈔權、鑄幣稅和通脹稅。原油與美元掛鈎，也保持了美元的「被需求性」。美國在科技方面目前也是全球最為領先的，微軟、蘋果和谷歌控制着整個技術市場，所以他們有能力決定人們看到甚麼，可以觸摸甚麼。美國的高通、英特爾等公司在高端芯片製造，同樣佔據絕對優勢。2019 年，美國政府對華為下達封殺令，也是美國公司對操作系統和芯片的壟斷地位抱有極大信心的表現。

20 世紀 90 年代以後，英美模式成為世界經濟增長的發動機，帶動了多國出口的高速增長，但同時也帶來了世界經濟的不平衡。2016 年以來，保持了近 20 年的經濟全球化浪潮被一股強勁的逆全球化力量阻隔。2020 年初，新冠疫情席捲全球，以美國為首的西方國家無法達成抗疫共識。7 月初，美國甚至宣佈將退出聯合國下

---

13 金衡山 . 美國文化特徵與「軟實力」表現 [J]. 四川大學學報 (哲學社會科學版)，2020(3): 34-44.

屬的世界衛生組織。經此一「疫」，各國之間的經貿、人員往來受限，甚至局部中斷，逆全球化的徵兆也越來越明顯。當今的世界格局，正由美國獨大的情況逐漸轉向多極化的趨勢。中國、俄羅斯、印度等國都對多極化的世界構成有着自己的選擇和建設。[14] 同時，其他國家也都在複雜局勢下積極尋找自保自強的出路。

---

14 新冠過後，中美「脫鈎」（上）：全球化本就是歷史的偶然 [EB/OL]. 2020-05-18.

三、蘇聯模式 —— 中央計劃

（一）發展歷程

　　蘇聯模式是一種社會主義模式，其特點是高度集中的政治、經濟和社會管理體制。20 世紀 30-50 年代，是史太林執政時期，該時期蘇聯的政治經濟體制被稱為「史太林模式」。經濟上，通過建立指令性計劃經濟體制牢牢控制經濟發展；政治上，實行一黨制，黨政合一，主張不受法律限制的無產階級專政，把權力集中在少數人的手裏；文化上，通過肅反運動，出版《聯共（布）黨史簡明教程》確立了一元化的意識形態準則。面對蘇聯此時的經濟落後，以及外部的帝國主義和戰爭威脅，史太林通過黨內鬥爭，讓政治權力集中在自己手中，實行個人集權制、職務終身制和指定接班制，並確立了優先高速發展重工業、超趕資本主義強國的總體戰略目標。蘇聯的三個五年計劃結束後，基本完成了社會主義工業化的任務，包括工業化程度大大提高；建立起比較完整的工業體系；對原有的採礦、冶金、化工、交通運輸業進行了徹底的技術改造等。此時，蘇聯體制的優越性在戰爭中表現出來，蘇聯在這期間建立了強大的國防工業，在國家生產總量急劇縮減的情況下，武器的數量和質量提升了。在耕地幾乎損失一半的情況下，能供給軍隊和後方糧食。史太林的工業化模式不僅加強了國民經濟軍事化，也一定程度上讓俄

國邁入了現代化潮流的步伐[15]。

但是史太林模式過於發展重工業的政治決策讓國民經濟一落千丈，導致生產落後，人民生活堪憂。因此，蘇共的新一代領導人開始對史太林模式進行反思與改革。在赫魯曉夫時代，政治上為解決黨政最高權力過於集中在個人手中的問題，恢復了集體領導，實行幹部任期制和輪換制。經濟上注重物質利益在經濟發展中的作用。為解決經濟上高度集權問題，調整經濟體制，擴大企業管理權限。外交上改變了史太林時代與西方對峙的局面，強調兩種制度共存。雖然赫魯曉夫修正了史太林模式的一些弊端，但是它的發展戰略和改革目標仍帶有傳統模式的濃厚色彩，未觸及黨的領導體制等深層問題。接下來的布里茲尼夫時期的改革，糾正了赫魯曉夫超越階段的錯誤，以「建設發達社會主義」的概念取代了以往「全面開展共產主義建設」。同時進一步推進改革，包括推行柯西金的新經濟體制、加強經濟核算和經濟刺激、提高農產品收購價格。但是改革仍未從根本上擺脫史太林模式的束縛，在單一所有制和政治體制方面裹足不前，外交上與美國爭奪世界霸權，大搞軍備競賽。之後的戈爾巴喬夫開始以人道的民主的社會主義作為核心的體制改革。但因為其改革沒有建立新的國家管理體制，導致失敗，蘇聯解體。

（二）內涵與影響

以史太林模式為基礎的蘇聯模式存在明顯的弊端。首先，蘇聯高度集中的經濟管理體制排斥了市場的調節機制，經濟難以持續

15　黃宗良. 從蘇聯模式到中國特色社會主義 [J]. 中共黨史研究，2010(7): 36-41.

性的健康發展。其次，不合理的經濟結構嚴重影響了人民的生活水平。1929-1932 年，蘇聯重工業在國民經濟中佔比 31.7%，而輕工業只佔比 5% 左右，對農業的投資也一直呈下降趨勢。再次，部門管理體制束縛了企業活力，企業在中央垂直領導下自主權極小，只能根據中央部門的月度計劃編制產量和產品圖表，使得企業發展速度緩慢。最後，僵化的經濟理論束縛生產力的發展，因為蘇聯把商品、貨幣關係、價值規律、價格、利潤等經濟範疇都視為「資本主義的經濟範疇」而加以排斥，形成了高度集中的計劃經濟管理機制。從 60 年代到 80 年代，蘇聯國民收入增長速度從 6.5% 下降到 4.2%，80 年代中期更降至 1%-3%。農業長期落後、消費產品匱乏、生產效益不高 [16]。

蘇聯模式的 40 年，無論是發展還是改革，都把史太林模式作為標杆，之後的改革內容和過程也大致相似。概括來說，蘇聯的社會主義模式是共產黨作為執政黨的一黨高度集權、指令性的計劃經濟體制和文化的一元主義。雖然，蘇聯模式在特定的歷史條件和外部環境下，對蘇聯的發展起到了極大的促進作用，並且贏得了對抗法西斯的衛國戰爭。但是從這一模式的基本方面（如計劃經濟、單一公有制、高度集中、排斥市場、黨政不分、高度集權、缺乏民主等）來說，蘇聯模式存在一定的落後性。

（三）崩潰的原因

習近平總書記對蘇聯解體的原因有過論述：第一，蘇聯沒有解

---

16 吳恩遠. 蘇聯模式評析 [J]. 文化軟實力，2016(3): 28-35.

決「怎樣治理社會主義」的問題。在馬克思和恩格斯理論中，如何全面治理社會主義國家更多的是預測性的，缺乏實踐。蘇聯在社會主義國家治理上進行了探索，但是並沒有解決這個問題。第二，蘇聯的貪腐問題越演越烈，這也是蘇聯解體的重要原因之一。第三，由於蘇聯重工業、輕農業的政策，社會經濟急速下降，人民生活水平得不到保障，同時政府的貪污腐敗激發了長期累積的矛盾，蘇共逐漸失去民心，導致社會動盪，政權垮台。另外，在意識形態方面，蘇聯人民喪失了對馬克思主義的信仰，對社會主義和共產主義的信念。馬克思主義政黨一旦喪失信念，就會土崩瓦解。最後，蘇聯模式本身就有很多弊端，包括發展理念和發展戰略等方面。國民經濟發展失衡，農業長期落後，誇大政治和意識形態的作用。在建設社會主義過程中產生了很多極端行為，導致後期政治體制的僵化，蘇聯模式脫離了實際，最終導致解體。

四、東亞模式 —— 發展型政府

人們所說的東亞模式的主體是日本和亞洲「四小龍」。這些社會在市場經濟和政治發展的道路上，是非常成功的典範。它們基本上也走過了西方成功發達國家所走過的道路，但有兩點很不相同，其一是經濟現代化的時間大大縮短，在數十年時間裏，經濟體從落後轉型到發達，或者用新加坡李光耀先生的話說，是從「第三世界」轉型到「第一世界」；其二是政治發展的相對和平。在西方，民主化的過程充滿暴力，但在日本和亞洲「四小龍」，無論是已經民主化的還是正在民主化的社會，並沒有出現像歐洲那樣的大規模的和持續的內部社會主義運動。東亞模式可以總結為：先經濟、再社會、後政治；先發展、再分配、後民主。[17]

（一）日本的現代化發展

所謂「日本現代化」是指由中世紀的幕藩體制社會轉化為近代天皇制資本主義社會的過程。明治維新是日本走向現代化的開端。這場資產階級變革運動是在國內資本主義生產尚不充分，尚未展開

---

17 鄭永年. 全球化中的東亞模式 [EB/OL]. 愛思想，2012-05-22,http: //www. aisixiang.com/data/53618.html.

思想啟蒙運動的情況下，為救亡圖存而由資產階級化的下級武士領導發動的。明治維新後，明治新政權大力推行「求知識於世界」的「文明開化」政策，不僅學習西方的科學技術和政治制度，還引進西方現代化思想，批判舊的意識形態。在明治維新後的東西方文化衝突中，儒學的自然觀和認識論在西方近代科學發展的面前變得不合時宜，因而被捨棄，但是儒學的價值觀和倫理觀卻經過改制，被尊為國民的規範。這一意識形態的改變，使得日本形成了強有力的政治權威。在這種權威之下，強制推行的產業革命與普及教育，取得了矚目的成果。日本在 1885 年至 1906 年間，國民生產總值翻了兩翻，並在 1920 年初步成為工業國。[18]

在政治方面，「明治官僚制」是日本第一次政治現代化，建立中央集權的行政體制，建立了帝國議會，實行較為有限的政黨政治。明治官僚制下的日本行政體制，具有絕對的官僚制特徵，較好的與戰爭體制相結合，積極參與對外擴張。戰後，日本在美國主導之下制定了新憲法，進行了政治上的民主化改革，推動了日本第二次政治現代化 —— 昭和官僚制的建立。由絕對的天皇管制大權，轉變為由國民代表機關的國會通過法律的制定進行規範，並以民主化和經濟發展作為目標。日本通過兩次政治現代化，採用政府主導型超趕發展模式，成功創造了經濟高速增長的「日本奇跡」，使日本成為世界第二大經濟強國並步入發達國家行列。20 世紀 90 年代泡沫經濟失敗後，伴隨着日本首次自民黨倒台的政治變動，第三次政治現代化 ——「2001 年體制」轉型開始，主要通過向首相和內閣集中行政權力來推動日本國家治理的現代化。日本的第三次政治現

18　王家驊. 儒學和日本的現代化 [J]. 日本學刊，1989(4).

代化是對明治以來的行政官僚模式的修正，體現的是對民主行政價值的追求，進一步向行政民主化的現代化改革。

在經濟上，日本作為戰敗國，戰後初期面臨的首要問題是如何迅速實現國民經濟的現代化，並且在短時間內實現追趕西方發達國家的目標。戰後的日本市場主體發育不全且市場結構存在殘缺，成為了當時日本經濟發展的主要障礙。面對這樣的形勢，日本政府沒有選擇市場機制作為配置稀缺資源的主要手段，而是將強政府作為主要的制度安排。強政府包括將發展經濟作為政府的優先目標、擁有一支高效的官僚隊伍、官僚機構免受特定利益集團的干擾、政府和私人企業之間有密切的協調的特點。在發展模式的選擇上，日本選擇了「貿易主義」，這一戰略的確立推動了出口導向型工業化的實施，加速了日本經濟的增長。該戰略也塑造了日本的政治經濟結構，長久地影響着日本政府經濟政策的調整。但是「貿易立國」的戰略日益加重了與美國之間的貿易摩擦，致使日元不斷升值和泡沫經濟的不斷膨脹，讓日本在 20 世紀 90 年代經歷了嚴重的經濟蕭條。面對蕭條，政府更多的希望能夠通過日元貶值來推動出口，除了通過外需拉動本國經濟復甦的方式，日本沒有對其國內諸多問題作出改革。作為一個以對外貿易為基礎的國家，日本的經濟增長和發展一直對外需有較強的依賴性。但是這種產業結構不足以確保日本經濟的良性發展，國際市場需求的不穩定性和國際貿易中的保護主義，讓日本的經濟基礎變得脆弱。[19]

---

19 李俊久，田中景 . 泡沫經濟前後日本宏觀經濟戰略的調整 [J]. 現代日本經濟，2008(03): 7-10.

（二）「亞洲四小龍」的現代化發展

從國家和市場、政府和人民的關係看，東亞模式的成功主要是他們選擇了與西方先發展國家和蘇聯東歐國家不同的「第三條道路」。與西方先發展國家相比，東亞政府扮演了一個更為重要的角色。在西方，無論是經濟發展還是社會建設，都經歷了一個比較「自然」的過程。經濟發展主要是由市場驅動，政府在其中的作用並不很大，主要是規制經濟活動的角色。在社會建設上，只有等出現了大規模的工人階級運動、西方整體制度面臨危機的情況下，政府才開始涉足社會領域。也就是政府開始和資本分離，把建立在資本基礎上的政治合法性，轉移到以依靠選票的民主合法性。但在東亞尤其是「四小龍」，情況有很大的不同。政府通過各種方式來促進經濟發展，形成了學界所說的「發展型政府」(Developmental States)，政府不僅主導產業的發生和發展，而且積極引導產業的升級。學術界，這方面有大量的文獻。更為重要的是，政府主動採取有效政策，進行社會制度建設，培植中產階級，從而避免了類似西方早期具有暴力特徵的工人階級運動。[20]

1. 中國台灣地區的發展型政府

中國台灣地區的發展軌跡通常被描述為發展性模式的原型，它擁有一個以發展為導向的精英階層，通過自上而下、積極的生產性政策統治着這個島嶼。在經濟方面，台灣有三次主要的經濟轉型。

---

20 鄭永年. 全球化中的東亞模式 [EB/OL]. 愛思想，2012-05-22, http: //www. aisixiang.com/data/53618.html.

1952-1962 年期間，是一個農業轉型、原始累積和進口替代工業化的時期。但是隨着台灣輕工業產品市場的飽和，進口替代很快達到高點。為解決這一困難，當時的台灣政府選擇了出口導向型經濟模式，開放國內市場，開始了第二次經濟轉型。出口導向型經濟刺激了台灣市場的開放，也促進了中小型企業的創業熱潮。當低成本生產商的競爭加劇、單位勞動力成本上升、土地價格飆升出現，台灣開始了第三次轉型 —— 向高科技工業化的轉變。[21]

　　台灣經濟的發展道路上，政府並沒有放任市場讓它自由發展，也沒有全面主導經濟的發展，而是作為一個支持者，為台灣企業發展提供一個有利的生存環境。例如，在土地改革時期，政府主導降低土地租金，並統一分配從日本人手中獲得的公共土地，改革後，農業生產大幅增加，使得台灣可以將資源從農業轉移到製造業。之後，台灣政府制定的「19 點財經改革措施」，統一了匯率系統並為出口商提供稅收優惠，這一政策為台灣出口導向型經濟奠定了基礎，並促進了經濟自由化。在經濟自由化下，台灣政府沒有採取甚麼措施來支持任何特定行業或特定商業集團，台灣形成了以中小企業為主導的產業結構。中小企業在台灣的經濟增長中起到了主要作用，尤其是在製造業部門和產品出口方面。台灣的中小企業結構鬆散，這種鬆散的結構和較小的企業規模使得他們更容易適應波動的市場條件。這種靈活性和對市場快速有效的反應時間使得台灣公司在國際市場上具有競爭力。

21　Clark, C., Tan, A.C. & Ho, K. 2018, "*Confronting the Costs of its Past Success: Revisiting Taiwan's Post-authoritarian Political and Economic Development*", Asian Politics & Policy, vol. 10, no. 3, pp. 460-484.

在政治上，台灣地區經歷了一場民主過渡。台灣能夠溫和推行民主主要有兩個原因：首先，台灣領導人將經濟發展作為首要任務，為保證發展，領導人在政治上作出了讓步；其次，當時的國家環境下，西方資本主義國家支持台灣地區的發展作為自己的一種政治手段，在美國的推動和影響下，台灣地區開始了民主化進程。民主化進程大致可以分為四個階段：第一階段是第二次世界大戰後的台灣地區採取的是威權政府，以維持國民黨的獨裁統治為主要特徵；第二階段是台灣當局所謂的「革新保台」之後，本土化進程開始啟動，台灣社會進入了「半民主」階段；第三階段是指李登輝執政開始以及隨後推行憲政改革的時期，修訂了憲法，確定了台灣地區領導人選舉方式並加強了領導人的職權，台灣地區進入民主轉型期；第四階段是台灣的民主鞏固時期，並在 1996 年實現了首次領導人直選。台灣地區形成了多黨競爭的政治形態。國民黨執政的前40 年見證了從「硬威權主義」到「軟威權主義」的逐步過渡。[22]

2. 韓國的財閥經濟

作為「四小龍」之一的韓國，其發展之路和台灣地區的發展有很多的相似之處，都經歷過殖民統治，並且在政府主導的發展模式下迅速發展了經濟。韓國和台灣地區都以進口替代工業化 (ISI) 戰略開始他們的經濟發展努力，又由於自然資源有限和市場飽和，政府都轉向了出口導向型的工業化政策。隨着經濟的發展，政治上也經歷了向民主的過渡，結束了獨裁統治。與台灣地區不同的是，韓國

---

22 Lauridsen, L.S. 2014, "Governance and Economic Transformation in Taiwan: The Role of Politics", *Development Policy Review*, vol. 32, no. 4, pp. 427-448.

政府在經濟規劃和執行中起主導作用。其體現在韓國的第一個五年計劃中，例如成立了經濟規劃委員會（EPB），作為負責預算、規劃和審查權力的主要政府機構。在第二個五年經濟計劃發展中，由於政府在 EPB 的領導下單方面推動經濟發展，EPB 的作用達到頂峰。

韓國經濟發展中最大的特徵就是財閥經濟，少數企業主導着經濟的發展。韓國財閥經濟的產生主要有兩個原因：首先，韓國資源有限，由於朝鮮戰爭的破壞，韓國幾乎沒有資本，所以政府公司佔據了主導地位，依靠國際債務融資。第二，政府認為企業的規模對於企業在國際市場上的競爭是非常重要的。稀缺的資源意味着只有少數公司得到了政府的支持，這反過來又導致了財閥的主導規模。韓國的財閥們確實在汽車、鋼鐵、消費電子產品和半導體等國際市場上具有了競爭力，促進了出口導向型經濟。但是財閥在獲取資源方面的主導地位，阻礙了中小企業的健康發展，因此，中小企業一直是韓國經濟的薄弱環節。[23]

韓國的民主化進程在經歷了 25 年的政治復甦後，制度上是健全的，但是沒有取得實質性的民主化進展。[24] 韓國一開始就是以民主體制為基本的政治框架，按照美國政治模式建立了三權分立的民主共和制，但是其體制仍具有很強的獨裁色彩。韓國雖然轉向了民主，但成熟的西方民主體制中存在的權力分立、相互制約的機制始

23 Kim, H. & Heo, U. 2017, "Comparative Analysis of Economic Development in South Korea and Taiwan: Lessons for Other Developing Countries", *Asian Perspective*, vol. 41, no. 1, pp. 17-41.

24 Chang, K. 2012, "Economic development, democracy and citizenship politics in South Korea: the predicament of developmental citizenship", *Citizenship Studies*, vol. 16, no. 1, pp. 29-47.

終未能完全建立，最明顯的表現是，總統依然大權在握，總統通過執政黨在議會中所佔的絕對優勢來控制議會，導致總統沒有受到議會的牽制。形成這種模式有很大一部分是文化的影響，韓國的單一民族文化根深蒂固，但是又經歷過西方價值觀和日本殖民文化的影響，因此形成了以儒家倫理為主、西方基督教倫理為輔的新文化，集權主義和公民意識的思想相互交錯。韓國沒有實質性的民主進展還表現在公民和政治公民的身份累積並沒有帶來全面的社會公民身份的系統啟動。韓國人自己並不認為自己沒有積極利用民主制度，韓國人渴望的是發展復興主義。韓國民主化還受制於財閥，由於經濟利益的影響，很多官員在財閥竭力阻止民主化的國家領導層對其資產階級利益採取進步的政策路線時，心甘情願地接受了財閥的拉攏。在以財閥為中心的發展主義中，公共機構往往以犧牲國民經濟和公民社會的長期利益來幫助財閥獲得公司或個人利益。

3. 新加坡的政府干預主義

同樣是受到儒家文化影響強烈並且遭受過西方殖民的國家，新加坡的經濟政治發展方式與韓國完全不同。新加坡是東南亞典型的多民族、多種族與多元文化並存的國家，社會文化相對溫和、寬容，因此新加坡政府的執政理念更具有包容性。

新加坡也是出口導向型經濟模式，但是政府對經濟發展有一定的干預，政府對經濟的干預主要體現在三個方面：勞動力市場、高儲蓄模式和國有企業。[25] 政府對勞動力市場進行監管，將工資漲幅

---

25 Shatkin, G. 2014, "Reinterpreting the Meaning of the 'Singapore Model': State Capitalism and Urban Planning", *International journal of urban and regional research*, vol. 38, no. 1, pp. 116-137.

與生產率增幅掛鈎或低於生產率增幅，降低製造業成本。同時，新加坡通過中央公積金（Central Provident Fund）讓私營部門強制貢獻儲蓄。高儲蓄模式促進了宏觀經濟的穩定，同時資助了基礎設施的發展。政府干預也體現在國有企業的角色上，國有企業權力相對較大，可以與壟斷權利結合，也可以動用儲蓄，因為國有企業的作用是填補經濟中的戰略缺口。

在政府干預經濟的例子中，新加坡的干預方式是成功的。因為新加坡政府在利益集團下能夠保持自治，商人不能決定政策。其次，政府不會使用鎮壓的方式促進政府控制。另外，新加坡政府負責的態度和能力毋庸置疑，重視和認同精英統治，篩選專業人才組成統治階層，因此能夠抓住任何一個發展的機會。最後，新加坡政府尊重市場並與市場建立良好的關係，新加坡的政府干預主義是有選擇性的，而且是「以市場為導向」的。新加坡的規劃從來沒有涉及詳細的藍圖，因為對國際市場的反應被列為優先事項，不可能預測其進程，而且需要靈活性，以確保迅速和有競爭力的反應。[26]

新加坡成立之初，李光耀認為只有對社會有高度的控制才能讓新成立的國家快速的成長，因此新加坡在獨立後並沒有走民主路線。但是新加坡之所以能夠成為一個既現代又專制的社會，不僅在於它精心校準的專制，還在於它的多元化，即允許一定程度的政治開放和有組織的政治反對，從而促進精英統治的能力。李光耀認為人才是治理國家的先決條件，希望能夠在統治國家的時

---

26 Huff, W.G. 1995, "The developmental state, government, and Singapore's economic development since 1960", *World Development*, vol. 23, no. 8, pp. 1421-1438.

候聽到中肯的意見，於是在進行內閣決策時，政府積極聽取內部精英的意見，發揮精英的積極性和創造性，堅持精英治國，精英民主形式出現。新加坡的政治特徵是一黨獨大，多黨並存。雖然人民行動黨操縱着國會選舉，但是人民行動黨始終沒有拒絕反對黨的存在，反而將反對黨看成是維護自身統治和發展的需要。為順應世界民主化趨勢，人民行動黨逐漸讓渡部分席位給反對黨，同時採取了非選區議員制度和官委議員制度，體現了政治的多元化和民主化，促進了新加坡民主的發展。新加坡民主化的一個重要體現是 1993 年首次舉行的民選總統制，目的是對高度集權的總理以及內閣具有一定程度的制約。另外，新加坡政府關注吸納民意並且擴大國民的言論自由，在制定決策的時候更好的聽取民眾的聲音，完善新加坡的政治環境。由此可見，新加坡的政治雖然是一黨獨大，並在經濟上奉行政府干預主義，但是這種模式更具有包容性和多元性，注重實用主義，而不是對自由市場或國家方向的僵化學習。[27]

4. 香港的自由經濟市場

香港的情況在四小龍裏較為獨特，在經歷了英國管治後回歸中國，並在「一國兩制」的制度框架下進行發展。香港政府的經濟管理哲學就是自由經濟主義，這是由於其獨特的地理位置和英國殖民管治的背景。香港在英國殖民管治的 100 年間，形成了帶有殖民性質的資本主義經濟制度。當時的港英政府認為，香港建立自由港和

---

27 Ho, B.T.E. 2018, "Power and Populism: What the Singapore Model Means for the Chinese Dream", *The China quarterly (London)*, vol. 236, pp. 968-987.

自由經濟制度對於地域狹小、資源匱乏的香港來說，是使得當地資源得到最優配置的最佳選擇。但是由於市場競爭的日益增大，完全的「自由放任」也會導致經濟的不穩定。因此當時的財政司司長夏鼎基修訂了推行了 100 多年的自由放任的經濟政策，提出了「積極的不干預主義」，即以自由放任為經濟政策的基礎，同時在必要的時候，政府對經濟實施適度的干預。但是無論干預與否，都是為了最大限度發揮市場的調節功能。[28]

香港在回歸前作為英國的海外殖民管治地，政治制度基本上是按照英國殖民政治體制模式建立起來的，其一切權力源於英國殖民統治宗主國，自己本身既無外交權，也無自主組織政府的權力。在英國統治香港的大部分時間裏，實行的是「行政主導」的政治體制。港督是香港「行政主導」體制的集中體現。港督在香港統攬行政、立法權，是行政、立法兩局的主席。港督還同時兼任英國駐香港陸海空三軍總司令。在這種行政主導的政治體制下，香港的立法局長期以來沒有真正的立法權，只是一個諮詢機構，而非立法機構。就在這種港督高度集權的、具有濃厚殖民主義色彩的政治體制下，香港人民並無真正的民主可言，100 多年來，香港的民主化進程十分緩慢。

1990 年 4 月，《中華人民共和國香港特別行政區基本法》的通過標誌着香港進入了後過渡期。基本法保留了港英政府的行政主導特色和資本主義制度性質，但又改變了其港督獨攬大權、行政包攬立法的機制。香港特別行政區設立後，行政長官和行政機構將成為對立法機關負責的機構，立法機關對行政機關有相當大的制約權，

28　陳文鴻 . 政府在香港發展中的角色與作用 [J]. 南方經濟，2013(01): 35-44

從而從根本上改變了過去政治體制中港督作為行政長官主持行政機構和立法機構的設置，使得立法機構真正享有立法權，增強了權利制衡。《基本法》從香港的實際出發，汲取了歷史上香港政治體制中行之有效的「行政主導」的部分內容，按照「一國兩制、港人治港、循序漸進、發展民主」的方針，實行司法獨立，立法與行政相互配合、相互制衡的政治體制。

（三）主要經驗

繼日本經濟在二戰後迅速發展，新加坡、台灣地區、韓國和中國香港也成為了世界經濟增長最快的國家和地區之一，被稱為「亞洲四小龍」。亞洲四小龍的發展模式較為相似，他們都曾受過西方國家的殖民管治，受到西方價值觀和政治經濟體系的影響。二戰後，在政治經濟現代化的道路上積極探索，尋找適合自己的發展模式，他們的目的都是實現經濟騰飛。

四小龍的政治體制是以技術精英為官僚主體的權威政治，在政治體制民主化前，四小龍都是高度集權的政治體制，政治決策過程都是少數精英進行。這種政治集權制度讓他們能夠順利的建設經濟發展制度，從而推動經濟的騰飛，累積社會財富，培養出了龐大的中產階級，使得之後的民主政治有了比較堅實的社會經濟基礎。然而，也正是因為這些後發展國家過早的引入了西方民主政治，才帶來很多制度建設方面的問題，經濟和社會發展往往很難成為這些政治精英們的議程，他們更多關注政治鬥爭。[29] 隨着現代化進程的推

---

29 鄭永年．中國模式：經驗與挑戰 [M]. 中信出版社，2016: 214-227.

進，四小龍開始向民主過渡，但是形式多樣，有多黨派的民主，也有一黨獨大的民主。

　　亞洲四小龍在經濟發展之初都受困於匱乏的國內資源和國內市場，卻是世界經濟的繁榮時期，世界市場迅速擴大，為外向型經濟戰略提供了廣闊的市場和平台，另外，以美國為首的西方資本主義國家處於冷戰格局，為自身利益，作為自己的一種政治策略而有意扶持四小龍的經濟發展。因此，四小龍利用自己的位置優勢，依靠於當時的國際形勢，選擇了依賴國際市場的出口導向型經濟。選擇這種經濟模式為四小龍開拓了廣闊的市場，促進自身生產力的提高，並逐漸形成規模經濟效益，使得四小龍的經濟迅速騰飛。但是對國際市場的過渡依賴也為經濟發展帶來了風險，當國際局勢不穩定，各國逐漸實行貿易保護時，這種出口導向型經濟將面臨發展瓶頸。

五、第三世界模式 —— 從依附發展到探索自主發展

（一）第三世界的由來與實質

　　第二次世界大戰後，世界格局發生了重要變化：一方面，傳統的以歐洲為中心的全球權力體系解體、以美蘇兩個超級大國為主導的新全球權力體系建立；另一方面，廣大的殖民地紛紛擺脫殖民帝國的控制，至少在形式上獨立為現代民族國家，由此類國家組成的第三世界在資本主義陣營和社會主義陣營之間逐漸興起。雖然第三世界只是一個鬆散的集體，但是它們代表着一種新興的政治力量，在受制於世界格局的同時，也對世界格局的變動產生了重要影響。多年來，國外許多學者就第三世界的概念作了解釋，例如：第三世界是現代世界體系的重要組成部分，它是指由亞、非、拉地區的新興民族國家組成的鬆散的集合體，雖然經過民族解放運動實現了政治獨立，但它們仍然是處在現代世界體系的邊緣地帶的落後國家。勒芬‧斯塔夫里阿諾斯敏銳地指出：「所謂第三世界，既不是一組國家，也不是一組統計標準，而是一組關係 —— 一種支配的宗主國中心與依附的外緣地區之間的不平等關係，這些地區在過去大都經歷過殖民地、半殖民地的時期，今天是新殖民地式的『獨立』國。」

　　第三世界模式，則是第二次世界大戰後，特別是 20 世紀 50 年

代以來，伴隨着亞、非、拉廣大發展中國家民族獨立和民族解放的浪潮，在亞洲、非洲、拉丁美洲廣大地區普遍湧現和盛行起來的一種新的發展模式。經濟層面，部分第三世界國家則由於盲目地運用西方現代化理論指導經濟，從而形成了發達國家與欠發達國家的依附經濟關係，不但沒有取得理想的預期效果，而且傳統經濟體制中的精華部分也沒保留下來。當前，大多數第三世界國家逐步放棄傳統的經濟政治發展模式，向着市場化和民主化轉軌。在政治上，第三世界國家進行了政治制度改革，大多數國家建立了多黨議會民主制。他們堅持反對帝國主義、殖民主義、種族主義的立場，支持第三世界人民的正義鬥爭。但是，政治上缺乏必要的權力監督，也給這些國家帶來了前進的困境。第三世界國家發展的起步必須有一個較為穩定的政權，但事實卻總是事與願違。很多第三世界國家在獨立後又陷入了連綿不斷地混亂和動盪局面之中。從依附論來看，「不發達狀態是第三世界國家經濟在惡劣的貿易條件下，被納入世界資本主義體系所導致的結果，第三世界的落後是當代不合理的國際經濟秩序所造成的。」[30] 第三世界被迫接受世界生產的專業化分工，主要為滿足帝國主義國家的需要而生產，從而使第三世界「依附」於發達國家。因此，第三世界國家的現代化缺乏獨立性。

（二）東南亞發展模式

東南亞國家經濟體制分析。按資源佔有方式與資源配置方式

---

30 陳曉律 . 第三世界的階級、政權及其他，愛思想，2006-11-08, http: //www. aisixiang.com/data/11654.html.

對東南亞國家的經濟體制現狀進行組合分類，可以分為兩類：一是私有制市場經濟體制國家 —— 馬來西亞、泰國、菲律賓、印度尼西亞；二是公有制市場經濟體制國家 —— 越南、老撾、柬埔寨。[31]

　　向市場經濟過渡的經濟模式：以馬來西亞、泰國、菲律賓、印度尼西亞為代表的國家具有相似的經濟發展模式。隨着市場經濟的逐漸成熟，國有企業漸次私有化、私人企業逐步壯大、對外開放程度逐步提升，其經濟體制也由計劃經濟向市場經濟逐步過渡。其主要特徵可概括為以下兩點：一是建立國有企業直接控制一些關鍵部門。除泰國外，其他三國（馬來西亞、菲律賓、印度尼西亞）都在戰後獨立時沒收或接管了原殖民政府企業，[32] 並使之成為本國的國有企業。政府又主要通過投資興辦一些新的國有企業，與外資或本國私人資本合股開設合營企業，直接掌握一大批工商企業、公用事業和金融業，並使這些國有企業成為國家的「先驅部門」，以加強國家的經濟實力。在戰後經濟恢復與過渡時期，泰國也強調發展國家資本，並由政府直接投資興辦企業，力圖使這些國有企業成為國家經濟的支柱。二是私人資本在政府的扶植下獲得了廣泛的發展。馬來西亞政府從 70 年代起，實施「新經濟政策」，提出重視和扶持中小私人企業，包括向中小企業訂購產品、對中小企業實施貸款計劃等；泰國政府通過泰國工業金融公司和工業部小企業貸款局這兩個官方金融機構，來實施對私人中小企業的資助計劃；菲律賓的私人資本發展較早，從 50 年代開始，政府就實行減免企業所得稅政

31　林桂紅 . 東南亞的市場經濟體制對中國的啓示 [J]. 廣西教育學院學報，2010(6)：40-42+65.

32　許穎 . 東南亞各國的經濟發展模式研究 [J]. 商場現代化，2015(21)：242-243.

策（直到 1984 年），菲律賓的家族財團在國民經濟中佔有相當重要的地位；印度尼西亞政府採用更靈活、更有優勢的政策吸引外資，如允許私人自由經營進口商品和生產出口商品，鼓勵國內私人投資建廠等。

以計劃經濟為主、市場經濟為輔的經濟發展模式：越南、老撾、柬埔寨等國家屬於公有制市場經濟體制國家，這幾個東南亞國家由於經濟發展水平較為落後，仍缺乏向市場經濟轉型的必要條件，故向市場經濟轉軌仍需經歷一個漫長的過程。自上世紀 80 年代末期開始，以越南、緬甸、老撾為代表的國家進行了改革開放計劃，開始引入市場機制並為向市場經濟體制轉型做準備。這幾個國家在改革過程中均採用了如下措施：轉換國營企業經營機制；採用貨幣、匯率和稅收的手段調控經濟；減少對物價的管控，實行價格自由化；加快經濟立法進程，為經濟活動的展開提供法律環境等。

從近些年經濟改革的效果來看，東盟各國政府所實施的措施在一定程度上消除了國家經濟體制中的阻礙因素，儘管如此，東盟各國的經濟增長還存在着許多的問題，例如印度尼西亞東西部地區經濟發展存在差距、官僚主義盛行、決策不透明、法制難於樹立等；馬來西亞、泰國等國家存在接近數字經濟的能力有限、國內生產總值增長放緩、陷入中等收入陷阱的危機仍較高的問題。因此，這些國家還需進一步完善市場機制和深化體制改革。

東南亞國家政治制度分析。通過研究第二次世界大戰以來的政治史，本報告認為東南亞國家的共同政治主題經歷了從政權政治到民主轉型再到國家治理的變化過程。

第一階段（東南亞國家的威權主義政治）：戰後初期到 20 世紀 50 年代，是東南亞民族國家政治體制創立的時期，這時東南亞出

現了兩種社會制度和發展方向的國家，即發展中的社會主義國家和發展中的民族主義國家。[33] 越南取國名為越南民主共和國，實際上是以社會主義為國家的發展方向。而泰國、菲律賓、印度尼西亞等發展中的民族主義國家選擇的是西方式多黨議會民主制。這些都是東南亞國家創建政治體制的初步嘗試。

　　20 世紀 50 年代末至 60 年代初，實行西方議會民主制的東南亞國家都以不同的方式轉向建立威權政體。在泰國，沙力在 1958 年建立起軍人獨裁統治，直到 1973 年爆發空前規模的民主運動，其後經歷了三個民主而又混亂的時期和兩次軍事政變。20 世紀 70 年代末至 80 年代末，泰國雖然在形式上保持了議會民主制，但實權仍然掌握在軍人手中；菲律賓一直被視為「美國民主在遠東的櫥窗」，二戰後，議會民主也持續了二十多年，馬可斯當選總統後，上層統治階級內部矛盾激化，馬可斯則在 1972-1981 年間採取軍管法，實行獨裁統治。同時期，印支三國（越南、柬埔寨、老撾）走着不同於上述國家的政治發展道路，但總的特點是黨和軍隊在國家政治生活中起着主導作用，權力也是相對集中的。東南亞發展中國家威權政治的存在，反映了東南亞社會經濟政治和文化水平的相對落後，這一時期存在缺乏民主、法制不健全等現象。因此，建立一個有力量的、以現代化為取向的國家政權，就成為剛剛步入世界政治舞台的新興現代民族國家的頭等大事。而通過威權主義政權的統治有助於社會經濟的發展，政治生活也因為權力的高度集中實現一定程度的穩定。

33　徐敏 . 當代東南亞國家政治民主化 [J]. 甘肅聯合大學學報（社會科學版），
　　2007(1): 90-93.

第二階段（東南亞國家從威權政治向民主政治過渡）：高度集權的政體由於缺乏政治民主、缺少法制，以及健全的市場體制，成為越來越突出的問題。在這樣的背景下，威權主義開始向民主體制過渡，至今仍在進行。下面以馬來西亞、泰國、菲律賓為例，審視當代東南亞國家政治民主化。馬來西亞是君主立憲制國家，議會握有較大權力，行使政府權力的是總理。掌握國家實權的總理在馬來西亞的民主實踐過程中都起到了良性的作用，尤其以馬哈迪最為突出。接任馬哈迪的總理巴達威，他溫和的政治態度使他在政策執行上更具民主色彩。在馬來西亞的政治運作中，權威與民主是相互補充的兩個方面，相互作用的結果是為馬來西亞帶來了政治上的穩定。泰國在實現政治現代化的過程總是陷入一種民主 —— 政變 —— 專制 —— 再民主 —— 再政變 —— 再專制的循環之中。相對其他東南亞國家來說，泰國的這種政治形態在專制和民主之間的循環較為頻繁，最為突出，所以也表現出既專制又民主的兩面性特點。[34] 但從總體發展趨勢來看，泰國的民主因素在不斷增長，具體表現為：憲法規定的公民政治權力和新聞自由權擴大；政府更迭通過合法的選舉或國會投票等。當然，面對威權政治與民主政治的博弈，如何實現由威權專制向民主政治轉變的軟着陸，避免這種循環往復，對泰國來說仍是一個很大的挑戰。菲律賓的政治發展經歷了最為典型的三個階段，即從獨立之初的「美式民主」到馬可斯的軍事獨裁政權再到民主政治。菲律賓多黨制的民主政治體制是經歷了眾多未果的軍事政變而堅持下來的：一方面，國際發展的大環境決定了軍事力量退出政治舞台是必然的；另一方面，則是菲律賓政治

34　周丹 . 泰國政治動蕩的政黨制度原因分析 [D]. 湖南省：湖南師範大學，2017.

制度與實踐不斷發展，從總統任期的重新規定到選舉制度的不斷改進，菲律賓的執政者為權力的制約與公平競爭而努力，民主政治體制已經成為共識。

東南亞三國政治制度實踐情況

實踐情況 國別	採用政體	政黨制度	軍事事變	政權更迭	政治轉型路徑
馬來西亞	君主立憲制	傾向一黨居優制	無	順利	民主—威權—民主
泰國	君主立憲制	多黨制	20 次	不順利	民主—威權—民主
菲律賓	總統制	多黨制	200 多次	較順利	民主—威權—民主

（三）非洲發展模式

非洲國家的政治發展：非洲多數國家的政黨制度和政治體制在獨立後經歷了由多黨民主政體向一黨集權政體，再由一黨集權政體向多黨民主政體兩次大的變遷。[35] 從 20 世紀 60 年代開始，非洲各國陸續掙脫英國、法國等宗主國的殖民枷鎖、贏得政治獨立。獨立之初，非洲大部分國家實行的是以多黨制為特徵的代議制民主政體。然而，宗主國強加的多黨民主政體有悖於非洲的傳統政治文化，同時也無法滿足非洲國家的現實需要。因此，自 20 世紀 60 年代中期開始，非洲國家的政黨制度紛紛由多黨制普遍改行一黨制。非洲政黨制度的第一次變遷主要是通過兩種途徑或方式實現的：一種是執政黨兼併或取締反對黨，然後通過修憲，使執政黨成為唯一合法政黨；另一種是從軍政權派生出來的一黨制，即軍人通過

---

35 張宏明 . 從政黨制度變遷看非洲國家的政治發展 [J]. 人民論壇，2019(S1): 117-119.

發動政變推翻文官政府，建立軍政權，取締一切政黨或重新組建由軍人控制的單一政黨並通過法律形式加以合法化。截至 20 世紀 80 年代末，由軍政權過渡到一黨制的國家有中非共和國、扎伊爾（今民主剛果）、剛果（布）、盧旺達、索馬里、埃塞俄比亞等十幾個國家。

20 世紀 90 年代冷戰結束後，非洲國家的政治體制發生了獨立以來最為廣泛而深刻的變化，其要旨是以多黨制為特徵的民主政體取代以往的以一黨制為特徵的集權政體。到 20 世紀末，除利比亞、斯威士蘭和厄立特里亞外，以多黨制為特徵的民主政體也已成為非洲大陸的主流政治體制。促成非洲國家進行政治變革的內部因素是多方面的，各國的情況也不盡相同，其中主要的因素有以下幾點：第一，多數非洲國家的執政黨或執政當局因政策失誤使經濟十分落後，20 世紀 80 年代也被視為是非洲「失去的十年」；第二，多數非洲國家的執政黨或執政當局由於長期實行集權統治，導致各級官員以權謀私、貪污腐敗，對國家發展和人民疾苦漠不關心；第三，多數非洲國家的執政黨或執政當局行事專斷，從而阻塞了社會各階層特別是知識階層的利益表達。以多黨民主為特徵的非洲國家政治變革正是在這種外部巨變、內部失衡的背景下發生的。

非洲經濟發展模式：首先，需要是對非洲經濟一體化進行回顧。20 世紀 60 年代，多數非洲國家贏得了政治獨立後普遍認識到，只有把區域內分散的經濟力量聯合起來，開發內部資源，才能發展自身的經濟。非洲經濟一體化正是在這樣的一種背景下起步拼發展起來的。20 世紀 60 年代末至 80 年代末，非洲地區經濟一體

化組織如雨後春筍般孕育而生。[36] 例如：1972 年成立的西非經濟共同體（CEAO）、1994 年演變為西非經濟和貨幣聯盟等。但是，非洲地區的經濟一體化在 30 多年中進展緩慢，呈現出組織眾多，但缺乏實效的特徵。80 年代中期以來，游離在三大經濟區域集團之外的非洲國家，不但難以從世界經濟高速發展中受益，反而面臨被「邊緣化」的危險。90 年代以來，針對非洲經濟發展不平衡的特點，非洲各國家開始通過區域合作推動非洲大陸的經濟一體化。為此他們簽署了以多種方位實現一體化的方案，在這一時期，非洲經濟一體化進程得以高漲，並朝着靈活實務方向發展。

其次，「新興經濟體」崛起是非洲經濟轉型的外部機遇。非洲的「新興經濟體」大致有三種類型：第一類國家經濟基礎好、政治相對穩定、資源豐富而且具有特色，如南非富有鉑金礦和鈾礦，尼日利亞高產石油。第二類國家缺乏資源，但是由於政策得當，經濟發展速度比較快。最典型的是埃塞俄比亞，在政局穩定的前提下，政府重視國內經濟建設，加大了對農業、工業和基礎設施的投資，成效很好。第三類國家一般經歷了較長時間的戰亂，在國內政局穩定後，利用資源優勢，拉動經濟強勁發展。這類國家主要有安哥拉、利比亞、剛果民主共和國等。非洲「新興經濟體」雖然國情不一，但是都實行適合本國國情的發展戰略，實現了經濟強勁發展，有力推動了非洲整體的經濟發展。

非洲的國際關係：在非洲國家看來，當前國際秩序變革的一個重要特徵是以往西方主宰世界和非洲的歷史正在改變，新興國家巴西、印度、俄羅斯尤其是中國的崛起，為非洲帶來重大的機遇。

36　姚桂梅. 加快經濟一體化推動非洲發展 [J]. 當代世界，2009(12): 38-40.

中國與非洲關係的快速發展將降低非洲對傳統援助者和經濟夥伴的依賴，為非洲帶來新的戰略選擇。非洲國家也越來越意識到與新興國家深化合作是平衡與西方國家關係、提升自身國際關係主體地位的重要途徑。坦桑尼亞達累斯薩拉姆大學中國研究中心主任Humphrey Moshi 教授曾談到，中國模式在非洲某些層面可取代「華盛頓共識」，如果中非合作的潛力能夠被充分激發，非洲將能夠更快地實現其發展願景。

（四）拉美發展模式

拉美模式主要是指阿根廷、墨西哥、巴西、智利、委內瑞拉等發展中國家的發展模式。在戰後不同時期，拉美模式具體表現為三種形式：第一，原材料和初級產品出口發展模式。19 世紀 20 年代末，拉美國家擺脫了西班牙和葡萄牙的殖民統治後，獲得了獨立解放，這個時期拉美國家更加重視初級產品的生產。同時，拉美國家大力建設交通、通訊等基礎設施，為原材料和初級產品出口提供基礎性支持。在經歷了工業革命後的拉美宗主國迫切需要原材料，於是，以原材料交換發展資金的模式應運而生，拉美國家逐步實現經濟的發展。[37] 第二，進口替代工業化的發展模式。拉美國家採取內向型的經濟發展戰略，即利用本國的資源、原材料和廉價的勞動力生產產品，並限制外國產品的進入，在市場上以本國的產品為主。拉美這一模式的實施，在初期取得了顯著成功，使拉美從落

---

37 謝紅燕，居占杰 . 發展中國家經濟發展模式研究 [J]. 中國市場，2015(38):
25-27.

後的農業國轉向了先進的工業國。但是過度的貿易保護使拉美的勞動生產率逐漸低下，造成產品價格高於同類國際市場產品，在國際上逐漸缺乏競爭力。第三，新自由主義外向型的發展模式。20世紀 50-70 年代，拉美國家實現了長達 30 年的經濟增長，在 20 世紀 70 年代人均 GDP 達到 1000 美元，但在 20 世紀 80 年代，財政危機與債務危機接踵而來，在經歷了「失去的十年」後，拉美國家普遍接受新自由主義思潮，又重新轉向外向型發展模式。[38] 這種模式使拉美地區暫時解決了債務危機，達到了經濟穩定的局面，但是隱藏着很多問題，如貧富差距過大、收入分配不公、失業問題嚴重等等。

在政治方面，拉美地區曾是西班牙和葡萄牙的殖民地，當時拉美的獨立運動並沒有完全清除殖民地時期的殘餘。拉美部分國家的政權經常在左翼政黨和右翼政黨輪流執政中搖擺不定，軍人干預和政治集權化現象嚴重，缺乏一個穩定的領導核心，政治思想混亂。西方國家的壓力迫使拉美部分國家的右翼政府放棄了民族主義的發展模式，實行新自由主義的發展模式，除古巴實行社會主義制度外，其餘國家均實行資產階級代議制民主制度。各國在探索發展上出現了分歧：一是以委內瑞拉、厄瓜多爾、玻利維亞等為代表的拉美左翼力量，主張對新自由主義模式進行徹底清算，謀求建立新型的經濟體制，甚至走所謂拉美式的「社會主義」道路。其主要舉措就是大力加強國家對經濟生活的領導與管理，把一些重要的資源部門和重要行業收歸國有，加強對市場自由化的約束，增強民眾對

---

38 董敏杰，梁泳梅.「拉美模式」歷史根源和不平等的長期影響 [J]. 改革，2014(10): 46-53.

經濟生活的參與，擴大就業，建立和完善社會保障體系，加強國家的再分配功能，努力實現社會公平。二是以巴西、智利、秘魯等為代表的國家，主張對拉美傳統模式以及完全照搬新自由主義的做法進行較大程度的改革和糾正，以拉美的民眾主義思想為基礎，注重借鑒社會民主主義的一些理念，更多地吸收歐洲大陸發展模式的優點，但並不完全否定新自由主義。三是以哥倫比亞、墨西哥為代表的少數國家，基本上肯定新自由主義的發展理念，主張按新自由主義對拉美傳統模式進行改造，加強拉美與北美的關係。[39] 今後拉美國家仍會走多層次、多樣化的發展道路。拉美左翼是部分國家的一種選擇，但其能夠維繫多久，有着很大的不確定性。鑒於拉美多次發生經濟與金融危機的教訓，新自由主義思潮難以成為拉美多數國家的主流指導思想，但新自由主義在拉美仍有一定市場，只是絕大多數國家不會完全照搬。

在經濟方面，拉美部分國家受新自由主義思潮的影響，主張貿易自由化，放鬆外資管制，推動國有企業全面私有化和金融自由化。首先，建立外向型自由市場經濟。拉美部分國家在經濟方面反對政府的干預，主張發揮市場自身的調節作用，實施自由貿易政策，大幅度的增加進口，降低貿易關稅和壁壘，嚴重依賴外國資本和核心技術的進口，對西方國家的依附性過強，沒有形成自己的創新體系，缺乏競爭力，使國家的經濟體制不斷走向完全市場化和自由化，導致經濟主權弱化。其次，主張效率優先、犧牲公平。拉美的一些國家過於追求經濟的高速增長和效率，而忽視了社會發展所

---

39 李香菊 . 拉美模式與中國、越南模式的比較 [J]. 法制與社會，2013(20): 138-140.

要求的穩定和公平，最終導致貧富分化加劇，社會矛盾突出，失業人口和貧困人口不斷上升，少數精英掌握大量財富。拉美少數國家幾乎完全照搬新自由主義發展模式，建立外向型資源市場經濟，完全依附於資本主義國家，最終陷入了「拉美陷阱」。[40] 由此可見，一個主權國家的發展模式和道路，應順應時勢變化，選擇並實施契合本土情境的治理範式。

---

40 陳湘源. 試析「拉美陷阱」的成因及啓示 [J]. 當代世界，2017(3): 36-38.

第四章

新形勢下中國模式的
發展與影響

世界不會總是一成不變，在不同的時期會出現不同的國際局勢及「黑天鵝」事件。2018年3月，美國總統特朗普簽署總統備忘錄，依據「301調查」結果，將對從中國進口的商品大規模徵收關稅，並限制中國企業對美投資併購，中美貿易戰正式拉開序幕，中美關係再一次成為世界焦點。縱觀中美建交40年，美國對華關係的戰略目標從合作轉向競爭。尼克遜訪華開始中美建交，希望能夠塑造和影響中國的發展方向；奧巴馬政府時期，中美關係是合作與競爭並存且合作大於競爭的狀態；到了特朗普政府時期，美國對華戰略目標轉向了以遏制為主的「失重狀態」。目前，從美對華政策的趨勢來看，中美競爭仍在增強。2020年，全球爆發了新冠疫情，突發疫情讓各個國家都認識到經濟主權回歸的重要性，經濟全球化因此被重新定義——「超級全球化」逐漸轉變為「有限全球化」，西方以「新自由主義」為主要特徵的英美模式和領導力正在下降。而在此次全球抗疫合作中，中國模式體現了先進性，包括國內完整的產業鏈和廣闊的市場，中國特色社會主義制度的優越性以及中國外交上包容開放的格局等。

國際新形勢對中國來說既是挑戰也是機遇。新形勢下，中國模式應具備一定的靈活性和可變性，形成適應性發展戰略。首先是發展與安全相並重的戰略目標轉型，在當前和未來一個時期，中國要避免和美國戰略對抗並探索建立新型關係，努力落實「不衝突不對抗、合作共贏、相互尊重」的原則。其次，加快形成國內經濟循環為主、國內國際經濟循環互相促進的新發展格局。最後，在國際秩序中尋求發揮更加重要的作用，面對全球公共衛生危機，中國作為負責任大國，應積極維護和完善國際多邊體系，成為維護疫後國際秩序的重要力量。

一、從戰略競合走向戰略遏制的中美關係

（一）美對華關係的戰略目標變化

　　關於美國對華關係的戰略目標變化，需要站在中美建交 40 年的歷史維度審視兩國關係的基礎，以及分析這一基礎是否遭到了動搖。從中美關係的主線來看美國對華戰略目標的演變，可以將其大致分為三個階段：第一階段是塑造中國，第二階段是保持美國的力量優勢，第三階段是維護和爭取美國利益。在第一階段，從尼克遜訪華到接觸戰略的出台，美國對華關係的戰略目標主要是通過與中國交往，將中國拉進其主導的國際體系，使中國成為體系內的支持性力量。美國在獲取戰略利益與經濟收益的同時，希望塑造和影響中國的發展方向，使中國政治、經濟、外交等諸方面向着美國所樂見的方向發展。[1] 在第二階段，也就是進入本世紀之後，由於中國持續快速崛起，奧巴馬政府對華戰略呈現的特點：一是繼續推動中美交往，兩國在高層交往、兩軍交流、朝核伊核等領域都展開有效合作，美國也嘗試調整國際貨幣基金組織等全球治理機制以適應中國崛起；二是美國對華戰略中消極面明顯上升。在一些重點問題領域，奧巴馬政府對華實行了強硬的「選擇性推回」做法。總體而言，

1　達巍 . 告別「接觸」，美國對華戰略走向何方 [J]. 世界知識，2020(16): 23-25.

從小布殊時期到奧巴馬時期，中美競爭關係主要體現在軍事領域和亞太地區（雖然中美在經濟上也存在着競爭關係，但這種競爭還不是戰略性的），競爭是局部的而非全方位的；與此同時，中美兩國間的合作也在發展，有些時候雙邊關係總體上呈現出合作大於競爭的態勢。然而，到了第三階段，美國對華戰略目標發生了「質變」，即從合作與競爭並存的模式，轉向了以遏制為主的「失重」狀態。[2]特朗普政府明確將中國定位為挑戰美國力量、利益和影響力的最主要的戰略競爭者，宣告美國自冷戰結束以來奉行的對華接觸政策已經失敗，宣稱要與中國開展全面戰略競爭，重新塑造對華關係。

從目前美對華政策的趨勢來看，中美競爭在增強，競爭的全面性正在顯現。美國曾經只不滿於中國的某些具體政策，現在則忌憚於中國的綜合國力，是一種「Policy power」的戰略警惕升級。[3]如果說過去美方在對華關係中往往是在不同階段關注不同的問題領域，現在則轉而開始全方位關注來自中國的挑戰，並採取應對措施。

2020 年，新冠疫情對美國帶來多方面衝擊，感染新冠肺炎以及因之死亡的美國人數量極多，美國經濟陷入嚴重衰退，失業率一度超過 20 世紀 30 年代大蕭條時期的水平，美國官員認為此次疫情堪比歷史上的「珍珠港襲擊」和「9-11」事件。[4]然而，面對疫情衝擊，特朗普政府仍然沒有選擇與中國展開合作，反而藉助疫情因素

2　王緝思 . 如何判斷美國對華政策的轉變 [N]. 環球時報，2019-06-12(14).

3　趙穗生 . 對華強硬已是美國國內的基本共識 [EB/OL].https: //mp.weixin.qq.com/s/iV8zBuOCGlUOTMc4UkciDg, 2019-08-08.

4　Quint Forgey,「Surgeon General Warns This Week'Is Going to Be Our Pearl Harbor Moment',」The Politico, April 5, 2020, available at: https: / /www · politico · com/news/2020/04/05/surgeon － general － pearl － harbor － moment － 165729 ·

加大對華施壓，從經濟、技術、地緣政治、意識形態等方面進一步深化針對中國的戰略競爭，甚至較前更具對抗（Rivalry）的色彩。以科技領域為例，美國國會參議院 2021 年 4 月 21 日推出《無盡前沿法案》新版本，該法案對抗中國意味濃厚。

（二）中美貿易戰的發生及其影響

1. 中美貿易戰的發起及原因

自 2017 年特朗普就任美國總統以來，逐漸把其競選期間貿易保護主義的論調轉變為貿易保護主義的政策實踐，對多個貿易夥伴發起貿易限制措施。中國作為美國的第一大貿易國、第一大進口國和第一大貿易逆差來源國，成為特朗普政府貿易保護主義的焦點國家。為實現其對華經貿目標，特朗普政府對華發動了有史以來國家之間最大規模的雙邊「貿易戰」。

從美國採取的措施來看，主要包括兩方面的內容：一是增加關稅。2018 年 7 月 6 日，美國政府首先對價值 340 億美元的中國產品關稅稅率提升至 25%，兩周後又對其餘 160 億美元進行同等提升。隨後，特朗普政府又意圖將增加關稅的範圍擴大 2000 億規模；[5] 二是對向美國出口的企業進行直接的攻擊和制裁，最典型的就是華為和中興。對於美國而言，其對華貿易戰的目標首先是減少逆差，由於產業結構等方面的原因，中美貿易中，美國一直存在着巨大的逆差，歷屆政府都在試圖解決這個問題。其次，特朗普還希

5　錢伊玥. 中美貿易摩擦對我國經濟的影響及應對策略 [J]. 企業改革與管理，2019(1): 107+116.

望能夠維護美國對華長期的經濟優勢，[6] 從而開始在技術領域對華施壓，包括取消對《中國製造 2025》確定的 10 個高科技製造業部門的補貼和其他政府支持。再次，特朗普政府還對華徵收懲罰性關稅，試圖打擊中國出口，增加中國市場對外資的不確定性，旨在推動製造業回流，擴大美國國內製造業就業。最後，政治訴求在特朗普政府對華貿易戰中也發揮着較為重要的作用。如果通過對華打貿易戰，能夠讓特朗普向其支持者展現其維護美國利益的意志，並且能夠宣佈獲勝，更加能夠提升其在這些區域的支持度。

在貿易戰短期無法結束的情況下，中國也不斷動態評估美國對華貿易戰，並且採取更為有力的應對措施。第一輪爭端中，中國也對美國價值 500 億美元的商品徵收高關稅，但與美國對中國徵收高關稅的商品種類相比卻有較大區別，主要以農產品等為主。這主要是從政治角度與經濟條件出發作出的決定。針對美國可能擴大 2000 億美元的行為，中國也制定了 600 億的反擊方案，規模有所縮小，這主要是由兩者出口規模不同所決定。同時，中國的另一項應對措施就是積極與其他地區和國家開展或擴大經濟貿易合作，擴大出口市場的範圍。總體來看，中國應對的目標一是反擊美國，遏制其其他危害中國經濟的措施。二是通過多元化市場的建設，分散貿易風險，提升經濟的綜合競爭力。

2. 中美貿易戰迄今為止所產生的影響

一是全球經濟增速下降，經濟前景不容樂觀。自中美貿易爭端於 2018 年升級以來，全球經貿增長大幅放緩。一系列經濟指標顯

---

6 宋國友 . 中美貿易戰：動因、形式及影響因素 [J]. 太平洋學報，2019(6): 64-72.

示，這場爭端對全球經濟產生越來越大的影響。國際貨幣基金組織不僅下調了全球經濟增速預測，還進一步警告貿易摩擦對中美兩國乃至世界經濟的長期負面影響。[7] 從 2019 年 2 月開始，在全球貿易局勢動盪的大環境下，統計數據就顯示出全球產業鏈上游國家在中美貿易摩擦大環境作用下，呈現出口萎靡、貿易活動乏力、製造業缺少信心的局面。[8] 如果中美兩大經濟體的貿易摩擦陷入持久戰，不僅兩國經濟被拖累，處於全球供應鏈上的國家以及一些新興市場國家的經濟貿易狀況都會惡化。

二是經貿摩擦可能對我國部分外向型企業帶來成本增加、訂單下降等問題，企業面臨減產歇業、調整重組的挑戰。其中，電子通訊、電氣機械、木材加工、化學產品等行業企業受影響相對較大。雖然美國對我國部分出口商品加徵關稅，將逐步向着產業鏈和價值鏈上下游傳導，最終結果會由出口商、上游原材料和零部件供貨商以及美國採購者分擔。但是，我國商務部已明確表示，在反制措施中增加的稅收收入將主要用於受損企業及員工、鼓勵企業調整進口結構等，努力將損失降到最低程度。

三是在中美貿易戰的背景下，供應鏈正從中國轉移到東南亞地區。美國可能會使用關稅和監督管理措施以鼓勵全球科技企業將生產工廠移出中國。基於現有產能，馬來西亞、泰國、越南等東南亞國家應該成為跨國公司更換其科技電子供應鏈工廠的首選。[9] 擁有

7　國家統計局國際統計信息中心 . 國際權威機構觀點綜述 [J]. 全球化，2018(10): 118-124.

8　熊曉梅 . 中美貿易摩擦的發展態勢及對我國經濟的影響分析 [J]. 現代商業，2020(16): 60-61.

9　王麗熏 . 中美貿易摩擦走向及其影響研析 [J]. 全國流通經濟，2019(33): 42-43.

生產網絡的國家處於接收從中國轉移出來的電子產品供應鏈的有利處境。因此，科技戰可能會藉此擾亂以中國為中心的電子產品零件供應鏈並使南韓三星和中國台灣地區電子廠受到損害。

四是美國中止核心技術的對華出口，中國的產業供應鏈將會遭受巨大衝擊。特朗普政府發動貿易戰打壓中興、華為等科技企業使得兩國科技交流熱度驟降，美國謀求在高新技術領域與中國脫鈎，遏制中國的高新科技發展和產業升級，並把中國「規鎖」在國際產業分工的中低端，由此確保美國在國際政治經濟中的霸權地位。[10] 更為嚴重的是，如果美國中止核心技術的對華出口，中國的產業供應鏈將會受到很大衝擊，例如，英特爾和 AMD 的 CPU 應用在個人電腦中的廣泛使用，高通的手機芯片，谷歌的手機操作系統等，中國在尋覓此類技術的代替時需要花費不少功夫。

（三）中國模式對變化的中美關係的適應調整

近年來美國的對華政策趨於強硬，特別是自疫情爆發之後，特朗普對中美關係的壓制和對中國的仇恨使中美關係跌入幾十年來的最低谷。拜登上台一度讓人們對中美關係產生了一絲希望，但拜登政府對華的一系列做法表明，他仍然會延續特朗普政府的遺產，將兩國關係推向對抗。與美國的博弈將成為未來中國維護國際秩序和平與發展的最複雜和最關鍵的長期戰略任務。對此，中國必須高度重視美國對華政策的深度調整，看到問題的嚴重性；但同時也要保

10　吳心伯. 美國對華新遏制戰略的目標、實質和根源 [J]. 南通大學學報（社會科學版），2020(2): 43-49.

持冷靜、理性地去應對。

　　首先，從國際或者區域責任的角度，中國正在承擔更多的區域甚至國際責任。合作性的反制和平衡，是通過共同承擔區域或者國際責任來達成，例如歷史上的英國和美國之間。現在這種可能性也存在於中美關係之間。美國是體系的「老大」，中國是「老二」。美國要對整個體系負責，中國在很大程度上也要為整個體系負責。就是說，無論對美國還是中國來說，中美兩國有很多重合的利益，並且體系的整體利益和各自的利益也有很多重合的地方。因此，中國未來應在這一層面和美國達成更大的合作，在周邊國家層面中國可以大大減輕來自美國的壓力。近年來，中國也在改變傳統雙邊主義的做法，轉型到現代新型的雙邊主義，即在多邊（中國和東盟）的構架內來討論雙邊問題，比如創建新的多邊主義機構，類似亞洲基礎設施投資銀行，儘量把美國的盟友也包括進來。[11] 即使是像「一帶一路」那樣的項目也可以轉化成為多邊主義機構，向其他多邊機構開放。

　　其次，中國根據既定的和平崛起路線，繼續把重點放在經貿合作上。目前，中國正在努力改變從前經濟和戰略不相配合的情況。儘管新冠疫情也嚴重衝擊中國經濟，減緩了中國對美國產品的購買速度，但中國仍對預期購買的全部 50 種商品有所行動，堅定不移地致力於確保中美經貿關係的穩定。[12] 2020 年 8 月 24 日，中國國家領導人在召開的經濟社會領域專家座談會上特別提到與美國的經

---

11 鄭永年. 中國應對貿易戰的關鍵是理性 [N]. 聯合早報，2019-06-18.
12 宿景祥. 貿易協定繼續推進，中國成功平衡與美國關係？[EB/OL].http: // cn.chinausfocus.com/foreign-policy/20200904/42024.html, 2020-09-04.

濟關係，強調說，對外開放是中國的基本國策，「凡是願意同我們合作的國家、地區和企業，包括美國的州、地方和企業，我們都要積極開展合作，形成全方位、多層次、多元化的開放合作格局。」[13] 另外，中國目前則正在積極改變經濟增長範式，建構以國內循環為主的「雙循環」經濟發展格局，以應對國際經濟政治環境的新變化。雖然今後幾年的中美關係前景難測，但至少就目前而言，中國還是通過積極不懈的努力，使特朗普政府對中美貿易協議表示了尊重，從而成功維繫了中美關係的微妙平衡。

最後，中國必須避免和美國的軍事競賽。美國和中國的軍事競賽，有助於美國的私營部門經濟復甦、技術革新、可持續發展，正如上個世紀二戰的開始，幫助美國經濟走出大蕭條一樣。[14] 但中國不一樣，因為無論從中國的經濟制度還是政治制度來說，一旦走上軍事競賽，最後必然走上經濟軍事化的道路，就和當時的蘇聯一樣。一旦軍備競賽開始，國有既得利益必然借國家利益和安全之名，把整個經濟導向軍事化。換句話說，在軍事上，中國能夠維持在防守和威懾程度就已經足夠了。

13　習近平在經濟社會領域專家座談會上的講話 [N]. 人民日報，2020-08-25, 02 版.
14　鄭永年 . 未來三十年：新時代的改革關鍵問題 [M]. 北京：中信出版社，2018.

二、新冠疫情對全球化格局的衝擊和影響

（一）超級全球化格局的瓦解

哈佛大學經濟學教授達伊·羅德里將從上世紀 80 年代開始的全球化稱之為「超級全球化」，所謂「超級全球化」就是不再以主權經濟體為基礎的全球化，主權國家失去了它的經濟主權。這波超級全球化導致生產要素，包括資本、技術、人才通過世界市場得到配置，使得產品形式發生了變化，從整產品變成組裝品，大大提高了勞動生產力，創造了巨量的財富，美國是其中最大的獲益者。但是這波全球化也出現了很大的問題，這一波全球化之下，個人財富在分化，社會中產階層急劇縮小，社會羣體遭到破壞[15]。

突發疫情讓各個國家都認識到經濟主權回歸的重要性，越來越多的國家認識到，「和本國民眾生命安全直接相關的東西不能任其流失」，經濟全球化將因此被重新定義，「超級全球化」會逐漸轉變為「有限全球化」。「有限全球化」會強化主權政府的經濟主權，把關乎國家安全的東西牢牢掌控在自己手裏，把跟老百姓生命安全有關的產業儘量放在國內。而這次疫情就提醒大家最需要的是口罩、

---

15 鄭永年 . 中美不可能完全脫鈎 [EB/OL].IPP 評論，2020-07-10,https: //www.sohu.com/a/406801516_550967.

洗手液、防護服、呼吸機等。即使全球產業鏈、供應鏈分工已經形成，但一旦和國家安全聯繫起來，很多在海外的企業會逐步回到本國，因為這已不是單純的經濟問題，而是融入了各國政治和社會穩定的需要。此次疫情也讓西方國家認識到，經濟是不可能脫離政治和社會「自成一體」、單獨運轉的，它是整個社會系統的一部分，服務於整個國家和社會的需要。

（二）西方領導力下降與國際體系變化

此次疫情最嚴重的地區 —— 歐美國家都是發達經濟體，但是在疫情之下，他們的公共衛生體系暴露出了很大的問題，基本醫療物資的本國產能不足以滿足需求。在這種情況下，各國會把和國家安全、民眾切身利益直接相關的東西掌握在自己手裏。美國搞產業回歸、資本回歸，就是要強化美國的經濟主權，日本和歐洲也在這樣做。當各個國家都想強化自己經濟主權的時候，全球化不再像從前，「超級全球化」的局勢面臨挑戰，因此西方以「新自由主義」為主要特徵的英美模式和領導力開始下降。在歷史的重大危機後，美國的經濟、軍事等「硬實力」通常會增強，但從美國在這次疫情期間的表現來看，美國的領導力正在下降。這次疫情挫傷了美國的「軟實力」，美國沒有在這場全球危機中發揮應有的領導力。

2020 年 5 月 29 日，特朗普宣佈美國將退出世衛組織，在特朗普治理下的美國，已經退出了包括跨太平洋夥伴關係協定（TTP）、聯合國教科文組織、聯合國人權理事會等多個國際組織。特朗普認為美國在海外承擔了過多的維持國際秩序的負擔，所以美國要減少海外的承諾。而美國的精英階層則認為特朗普的「退群」行為意味

着美國國際影響力的衰退，在很大程度上意味着把國際空間讓給了中國或其他國家。在歷史上，美國 1890 年成為了世界上最大的經濟體，從一戰開始捲入世界事務，二戰後領導整個西方建立了所謂的「戰後國際秩序」。以聯合國為核心的一系列國際組織，是這個國際秩序的體現，美國在戰後的很長時間裏，的確能夠扮演這個體系的領導者。美國現在的行為，意味着美國失去了往日的國際領導能力。

但是美國的衰落並不一定意味着國際秩序的倒塌。全球化之下，各國互相高度依賴，促使包括中國在內的一大批新興國家的崛起，這些新興國家擁有強大的經濟力量，也有能力為國際秩序出一份力。這也是今天中美兩國在國際舞台上較量的本質。美國逐漸失去國際領導力，而中國則在快速崛起，並承擔更多的國際責任，提供更多國際公共產品。作為第二大經濟體的中國，在崛起的過程中，中國沒有「另起爐灶」，而是選擇加入現存國際體系，再通過改革現存世界體系來改變自己的地位，發揮更大的國際作用。[16]

（三）中國模式在全球抗疫合作中的影響力擴展

中國在疫情期間體現出很多中國特色社會主義的先進性，在後疫情時代下，挑戰與機遇並存。在這次疫情中，中國的機會體現在，首先是能夠促進國內產業鏈與技術的升級。中國現在是世界上產業鏈最完整的國家，但是產業鏈偏低端，附加值低，原創性少。在過去的全球化進程中，中國得以引進許多西方先進技術，成為技

---

16 鄭永年 . 國際秩序倒坍了 [EB/OL].IPP 評論，2020-06-02

術應用大國，另一方面卻缺乏原創技術和研發動力。受新自由主義影響，很多人假定世界市場永遠存在，「缺甚麼就去世界市場買」。如今，受到美國的打壓和封鎖，華為等企業面臨困難。在後疫情時代，超級全球化正逐步變成有限全球化，目前中國是世界上產業門類最齊全的國家，而且國內市場廣闊，有限的全球化對中國企業來說，不僅可以佔領西方企業留下的市場空間，還可以向產業鏈中的高附加值環節發展。只要中國保持包容開放的態度，中國和西方的貿易往來依然會有緊密的聯繫。因此，中國的主要任務是做好技術升級，擁有更多的原創技術，生產出更多的高附加值產品。其次，此次疫情體現了中國政治制度的優越性。中國特色社會主義制度具有可變性和靈活性，既有其民主的一面也有其集中的一面。在面對危機的時候，集權的體制可以轉向分權，分權的體制也可以轉向集權。混合型模式中的集中制主要表現在動員全國統一行動的制度優勢上。1929 年的大蕭條也是一場全球性的危機，當時各個國家都有清晰的應對方案和工具，但是反觀這次疫情，除了中國，西方的很多國家都沒有能夠拿出很好的方案，反而需要其他國家的援助。最後，疫情對中國的外交關係的調整提供了很好的機會 [17]。之前的超級全球化是以西方國家為中心的全球化，這次疫情中，美國和歐洲都遭到重創，美國的抗議示威活動更是對其傷害很大。另外，美國退出了世衞組織，在國際組織中的話語權越來越少，為中國成為新的國際領導者提供了空間。中國社會主義制度在面對重大疾病災害時的管控力和有效性有目共睹，有效的抗疫方法和資源分配、能

---

17 鄭永年. 疫後世界將進入「有限全球化」[EB/OL]. 新浪財經，2020-06-18, https://baijiahao.baidu.com/s?id=1669800916015292149&wfr=spider&for=pc.

夠讓全國動員的社會制度、以及對全球的物資援助,讓中國在世界的舞台上有更多的表現。雖然我們對很多國家給予幫助,但是中國無意對任何國家採取冷戰或者熱戰,因此我們需要尋求國際關係的調整,重塑國家間的關係。雖然美國的領導力在下降,但是中國依然不能輕視,我國需要做的是始終保持開放的態度看待美國,打造一個更加開放包容的格局。

三、新形勢下中國模式的適應性發展

（一）發展與安全相並重的戰略目標轉型

習近平總書記曾指出，我們面臨政治、意識形態、經濟、科技、社會、外部環境、黨的建設等七大領域的重大風險挑戰，總體刻畫了中國之治面臨的複雜環境。對此，我們要在發展與安全並重的意義上理解國家治理。在當前和未來一個時期，中國要避免和美國戰略對抗並探索建立新型關係。因為中美關係能否實現穩定和健康的發展，對於中國的國際戰略環境具有決定性影響。面對美國對華戰略定位和取向的深刻變化，以及特朗普政府對中國不斷施加的「競爭」壓力，應注重把握「新型大國關係」的精神實質，提升中美雙方戰略溝通的質量，努力落實「不衝突不對抗、合作共贏、相互尊重」的原則。總體而言，可以考慮從以下方面着力：

首先，要高度重視中美在政治制度、發展模式和價值觀等領域的「競爭」問題。意識形態對抗是導致美蘇陷入冷戰的主要驅動力，也可能是致使中美關係跌入「修昔底德陷阱」的核心因素。習近平總書記在中國共產黨和世界政黨高層對話會上發表演講時明確指出，我們不「輸入」外國模式，也不「輸出」中國模式，不會要求別國「複製」中國的做法。要重視中美發展模式之爭正從「雙邊」向「國際」層面擴展的新動向，回應好美國方面針對「一帶一路」提出

的「輸出模式論」等負面論調，避免兩國在其他發展中國家和相關地區陷入惡性競爭。

其次，針對後疫情時期不可避免出現的部分美國製造業回流，中美乃至全球供應鏈、產業鏈的重構和調整，做好充分的研究和政策儲備，立足根本、着眼未來、搶佔先機、佈局全球，採取積極財政政策和穩健貨幣政策，加快復工復產進度，加大對中小微企業的扶持力度，穩住製造業和實體經濟的根基，加強數字基礎設施建設，進一步改善營商環境，深化科技創新和跨國合作，佔領新一輪科技革命的高地。

最後，要繼續推動中美兩軍關係的深化，加強涉及地區安全熱點的危機管控機制建設，避免軍事誤判和直接碰撞，增進人道主義救援、減災救災、反海盜、反恐等領域的兩軍合作。隨着中國不斷推動「一帶一路」國際合作和「海洋強國」建設的進程，中國的軍事戰略目標將更為多元化，中國的安全力量也將加快向海外拓展的步伐。

（二）國際國內雙循環的新發展格局轉型

2020 年 7 月 30 日，中共中央政治局召開會議，討論研究關於制定國民經濟和社會發展第十四個五年規劃的議題並部署下半年的經濟工作，會議中首次提及了「加快形成以國內大循環為主題、國內國際雙循環相互促進的新發展格局」，這一內容反映了政府在全球疫情及中美對抗可能常態化局面下，中國長期經濟發展格局的戰略部署。

從國內的經濟運行看，疫情對中國經濟的衝擊是短期的，中國

經濟呈現出 V 型恢復的變化趨勢。從國際經濟來看，疫情的衝擊使得全球經濟持續衰退，國際貨幣資金組織和世界銀行分別預測今年全球經濟將萎縮 4.9% 和 5.2%。全球的經濟衰退可能衝擊中國供應鏈和產業鏈在全球的地位，這是對中國經濟的長期影響。疫情對全球生產網絡產生巨大衝擊，曾經的超級全球化將不復存在，取而代之的是各國經濟主權回歸的有限全球化。面對世界經濟下滑的考驗，我國利用自身優勢，計劃加快形成國內經濟循環為主、國內國際經濟循環互相促進的新發展格局。目前，我國已經具備了國內經濟循環的基礎條件。從生產供給角度看，我國具有最完整、規模最大的工業供應體系，擁有 39 個工業大類、191 個中類、525 個小類。從消費需求來看，我國具有規模廣闊、需求多樣的消費市場。我國的產業鏈、供應鏈和消費市場已經形成了具有滿足規模經濟、集聚經濟的要求，具備依靠國內經濟循環為主的基礎。但是，即使我國具備內循環的基礎以及面對嚴峻的國際化形勢，我們依然不能不重視國際經濟循環。我國的「雙循環」新發展格局概括來說是在積極拓展國際循環的前提下，通過深化供給側結構改革、提高經濟供給質量、挖掘國內巨大消費潛力形成的國內經濟循環為主，國內國際經濟循環相互促進的新發展格局 [18]。

在經濟內外雙循環的佈局下，以京津冀地區、長三角地區、粵港澳大灣區、成渝地區雙城經濟圈等新的區域一體化為代表的都市圈和城市羣建設會成為未來中國經濟新的增長極。以粵港澳大灣區

---

18 黃群慧.「雙循環」新發展格局未來我國經濟政策的重要目標和着力點 [J]. 財經界，2020(28): 11-12.

為例，大灣區是中國經濟內循環與外循環的一個接口。在粵港澳大灣區內，香港的金融業、澳門的旅遊休閒業、珠三角的製造業各具特色，大灣區內各領域的交流與合作密切且靈活，發揮各個城市的優勢。粵港澳大灣區建設不只是一個超大規模經濟項目，長遠看它關係到中國未來的發展。把大灣區建設好，不僅可以帶動中國南方地區發展，還可以與中國經濟的外循環系統形成良性互動[19]。

（三）尋求在國際秩序中發揮更加重要作用

世界正遭遇二戰結束以來最嚴重的全球公共衛生危機，不穩定性不確定性明顯增強。中國作為負責任大國積極維護和完善國際多邊體系，已成為維護戰後國際秩序的重要力量。具體來講，國際秩序的中國方案主要包括以下方面：

一是以維護多邊經貿體系為前提條件。中國於 2001 年加入 WTO 後，通過積極融入經濟全球化有效促進了國內經濟的快速發展，公平、開放且穩定的國際經濟秩序符合中國的發展需求。[20] 實際上從經濟償付力、強制力和軟實力等方面來看，中國遠未具有能夠取代美國來成為國際經濟秩序領導者的實力。[21] 因此，國際經濟

---

19 新華社 . 專訪鄭永年：粵港澳大灣區建設利於促進中國經濟內外雙循環良性互動 [EB/OL]. http://m.xinhuanet.com/2020-07/13/c_1126231330.htm.

20 安禮偉，馬野青 . 國際經濟秩序：中國的新需求與政策思路 [J]. 經濟學家，2019(1): 62-68.

21 NYE J S. Will the liberal order survive? The history of an idea[J]. Foreign Affairs, 2017, 96(1): 10-16.

秩序的中國方案應以維護多邊經貿體系為前提，持續深化全面開放，積極對接並兼容現行規則，這樣不僅符合中國的利益訴求，也能減少來自美國等西方國家的阻力。近年來，中國協作建立的「亞投行」以及協調創立的「金磚國家新開發銀行」等國際多邊機構是對現有國際多邊機構的「補充」而非「替代」，中國倡導成立的國際多邊機構具有開放性，歡迎各方共同參與；具有多邊性，相關國家都有權利參與決策和執行決策。

二是以建構「人類命運共同體」為發展理念。當今世界，人類正面臨新冠肺炎疫情、氣候變化等許多全球化挑戰與難題，人類需要攜手合作，走向一種「世界國家」或「超國家」的範式，建構一種政治利益的共同體，才能避免民族國家的狹隘，共同應對挑戰，共謀發展前景。正如中國依據「和而不同」的東方智慧提出「人類命運共同體」理念，表達了中國「互相尊重、平等互利、合作共贏」的世界觀和義利觀，既傳承了自由主義基於規則和多邊主義的合理內核，也摒棄了霸權主義的逐利性，是對現行國際秩序從個體主義向集體主義的合理正義升級。

三是以「一帶一路」建設為實踐基礎。「一帶一路」倡議集中體現了建構「人類命運共同體」的發展理念。2017 年 5 月 14 日，習近平總書記在「一帶一路」國際合作高峰論壇上發表題為《攜手推進「一帶一路」建設》的主旨演講，指出「中國願在和平共處五項基本原則的基礎上，發展同所有「一帶一路」建設參與國家的友好合作。」同時，「一帶一路」建設可以補充和完善全球公共品供給體系。全球公共品是指外部性較強的跨國商品、服務和基礎設施等，各國積極參與全球公共品供給是經濟全球化的必然要求。由於實力

相對衰退，美國的全球公共品供給意願明顯下降，[22] 比如特朗普政府屢次建議國會大幅下調對外援助預算，並拖欠聯合國會費，提高海外駐軍費用分攤等。中國在持續高速發展中累積了較強的公共品供給能力和經驗，特別是在高鐵、港口等基礎設施建設方面具有比較優勢，中國製造逐漸成為物美價優的標誌。「一帶一路」倡議結合了中國優勢和沿線國家（地區）的經濟現實，是中國和沿線國家（地區）共同參與全球治理的有效方案。

22　張志敏，開鑫，李靜. 國際經濟秩序的發展、困境與中國方案 —— 兼論中美貿易摩擦和新冠肺炎疫情的影響 [J]. 西部論壇，2020(8): 1-12.

第五章

中國模式的世界性意義及其前景

近年來，中美貿易爭端將中美（西方）對抗推至一個新的高點。透過貿易爭端這一表面現象，我們可以洞察到中美之爭的本質乃是體制之爭。中美（西方）體制之爭之所以如此愈加劇烈且可能長期存在，其中很重要的原因在於，伴隨着中國的不斷崛起，原來長期不被西方認為會成功且不具有發展可持續性的「中國模式」，不但沒有走向「破產」，反而與西方模式相比展現了更強的韌性和競爭力，這個沒有接受西方制度的中國正在引起美國極大的焦慮，因為在美國（西方）看來，中國模式不僅在挑戰西方制度，而且也在挑戰西方文明的自信。不論出於何種意識形態的偏見，客觀上看，這種總體上被概括為「中國特色社會主義」的中國模式確實正在為世界發展提供了自由資本主義以外的新方案，而信奉自由民主的資本主義國家也開始正視政治經濟建設的另一種可能。[1] 因此，立足於正在發生巨變的當今世界，謹慎評估中國模式的世界性意義及其未來發展的前景，具有重大理論價值與實踐意義。

關於治理模式的討論，應當跳脫狹隘的二元對立的政治偏見，而應當回到治理的有效與失效這個根本視角。毫無疑問，「歷史不會終結」。世界上任何一種發展模式都不可能具有絕對普世性，其往往形成於本國具體國情、歷史傳統和政治經濟文化等多方面的綜合作用，中國模式也是如此。中國模式的世界性意義並非在於指導其他國家具體實踐的操作層面，而更重要的意義和價值在於為探索人類社會發展的制度多樣性貢獻力量，為世界發展提供一種可供參

1　Branko Milanovic, With the US and China, Two Types of Capitalism Are Competing With Each Other, Promarket.org, October 7, 2019. https: // promarket.org/with-the-us-and-china-two-types-of-capitalism-are-competing- with-each-other/

考的路徑和制度選擇，為人類命運共同體建設提供「中國方案」。從這個角度看，中國模式的世界性意義蘊涵三個具體問題：首先，如何看待中國模式對國家內部治理的作用，即有效性問題；如何看待中國模式對世界發展的價值，即可借鑒性問題；如何看待中國模式的未來發展趨勢，即可持續性問題。無論是從中國自身發展，還是從中國發展對世界的影響看，這三個問題都至關重要。

　　中國模式作為中國探索現代化道路的一種發展方式，其實質是中國如何通過先進的政黨帶領中國人民實現現代化。它是中國近現代以來現代化長期探索的經驗總結，是一種與英美等西方國家的現代化發展模式不一樣的路徑，有其特有的政治經濟制度結構。中國模式的出現，從一個方面反映出人類社會的發展道路確實是一元多線的。但是，中國模式並不是完成狀態，其仍然處於不斷發展、探索、完善過程中，在面對這個時代帶來的生產力要素的改變、社會階層的改變、政治參與的改變等重大挑戰時，仍然需要更加解放思想，推進更多開放性、創新性的探索。

一、在動盪的世界裏為何能實現「中國之治」?

（一）中西方治理的不同景象

1. 西方治理赤字不斷擴大，西方民主模式遭受嚴峻挑戰

從 2008 年全球金融危機發生以來，我們的世界就進入了一個嚴重不確定的時代。面對財富分配不均、生產率降低、環保和氣候變化等挑戰，西方國家出現了嚴重的治理赤字。債務危機、「黑天鵝」事件、難民危機、種族矛盾、恐怖襲擊等在西方國家頻繁發生，逆全球化趨勢和民粹主義思潮迅速蔓延。作為對治理失效的反應，包括英美等國在內的很多西方國家正經歷一場持續的社會運動。從佔領華爾街運動到特朗普主義的崛起，從英國脫歐公投到法國的「黃馬甲」運動，包括意大利、德國在內的歐洲國家，西方世界的極端政治力量（無論是極左的還是極右的）都在崛起之中，不斷發生不同形式的社會運動。

正是在這種民粹主義的浪潮下，西方國家政治上的「局外人」紛紛崛起，顛覆着世界傳統的治理制度。隨着特朗普政府的各種瘋狂「退羣」（如退出跨太平洋夥伴關係協定（TPP），退出巴黎氣候協定，退出聯合國教科文組織，退出《伊朗核協議》、退出聯合國人權理事會、退出《中導條約》、退出萬國郵政聯盟，甚至威脅要退

出北約和世界貿易組織等）以及奉行貿易保護主義與中國等國家大打貿易戰，自上世紀 90 年代初蘇聯解體以來持續穩定運行近 30 年的全球治理體系也將面臨解體與重構的巨大風險，國際事務民主化遭到嚴重破壞，導致很多需要各國合作解決的全球性問題被久拖不決或者決而難行，國際不合作行為及其所產生的連鎖效應，極大增加了全球治理成本。此外，西方國家政治經濟發展亂象，進而引發西方的制度危機、民主危機、文化危機等，這些西方「亂」象並不是彼此獨立存在的，而是有着內在的聯繫，它們相互影響、相互作用，共同形成一個「亂象鏈」或「亂象羣」，最終使西方民主模式陷入嚴重危機和嚴峻挑戰。

2. 中國綜合國力持續進步，中國模式日益受到國際關注

新中國是在一窮二白的基礎上建立的，1952 年國內生產總值只有 679 億元，2010 年突破 40 萬億元，超過日本，並且穩居世界第二。按照不變價計算，2018 年國內生產總值比 1952 年增長 175 倍，年均增長 8.1%，佔世界經濟比重接近 16%。2018 年人均國民總收入達到 9732 美元（2019 年人均 GDP 預計將超過 1 萬美元），高於中等收入國家平均水平。外匯儲備在 3 萬億美元以上，連續 13 年穩居世界第一位。區域發展與城鎮化水平和質量不斷提升，目前的城鎮化水平比建國初提高 40 多個百分點。在經濟結構方面，目前中國已經擁有聯合國產業分類當中的全部工業門類，而且工業生產加快向中高端邁進，服務業快速發展，很多新產業發展得很快；在創新能力方面，儘管與美國仍然差距較大，但與自身基礎相比獲得了極大提升，在載人航天、探月工程、量子科學、深海探測、超級計算、衛星導航等諸多領域都取得重大成就。2018

年全社會 R&D 經費支出達到 1.97 萬億元，與國內生產總值之比為 2.18%，超過歐盟 15 國的平均水平。在民生方面，中國對消滅極端貧困的努力上，作出巨大貢獻。中國是最早實現聯合國千年發展目標中減貧目標的發展中國家。到 2018 年，農村貧困發生率下降到 1.7%，對全球減貧貢獻超過 70%。國務院新聞辦公室發佈的《人類減貧的中國實踐》白皮書指出，現行標準下 9899 萬農村貧困人[2]口全部脫貧，832 個貧困縣全部摘帽，12.8 萬個貧困村全部出列。中國的脫貧人口數相當於一個大國的人口水平。與此同時，中國也為引領世界經濟發展提供了巨大動力。自 2006 年以來，中國對世界經濟增長貢獻率穩居世界第 1 位，成為世界經濟增長第一引擎。其中 2013 年至 2018 年，年均貢獻率提升至 28.1%。2018 年，中國對世界經濟增長的貢獻率為 27.5%，比 1978 年提高 24.4 個百分點。[3]

此外，在「逆全球化」浪潮出現的當下，中國支持多邊主義，積極倡議建構人類命運共同體，進一步推動周邊及其他國家的聯合發展，得到了國際社會的積極響應和廣泛參與。目前，中國積極推進共建的「一帶一路」倡議，得到 160 多個國家（地區）和國際組織的積極響應，正惠及越來越多的國家和地區，得到了越來越多的認同和支持。此外，中國還積極參與國際事務，例如推動世界銀

2　一組數據看中國減貧成就 [EB/OL]. 新華網，2021-04-06, http: //www.xinhuanet.com/politics/2021-04/06/c_1127297315.htm.

3　國新辦就慶祝中華人民共和國成立 70 周年活動有關情況舉行新聞發布會 [EB/OL]. 中國網，2019-08-29, http: //www.china.com.cn/zhibo/content_75146983.htm.

行、國際貨幣基金組織等國際金融機構改革，以更好地體現公平和效率；組建亞洲基礎設施投資銀行（AIIB）、金磚國家新開發銀行（NDB）、絲路基金等，以支持新興市場和發展中國家的發展；積極參與金磚國家、上海合作組織、G20 等區域組織，以擴大新興市場和發展中國家在國際事務中的代表性和發言權。

隨着中國的持續崛起以及在積極參與全球治理過程中，中國的經驗不斷走向世界。「中國模式」越來越受到世界關注與討論，這是因為：

其一，世界上從來沒有哪一個人口大國像中國一樣在幾十年來取得如此舉世矚目的成就，使一個發展落後國家變成如今經濟快速發展、綜合國力明顯增強，並具有一定國際影響力的大國。

其二，2008 年金融危機的爆發使得世界經濟尤其是發達資本主義國家的經濟出現衰退、疲軟等經濟乏力的景象，暴露了自由資本主義本身的制度缺陷。而與此形成對比的是中國經濟發展繼續保持較高水平，突顯了中國政治經濟制度治理的有效性。

其三，一些發展中國家的現代化發展與轉型，主要是模仿和借鑒西方發展模式，但結果並沒有實現國家和社會的快速發展，甚至也沒能實現民族國家的獨立發展。反而中國的發展，為他們提供了另外一條現代化發展道路的希望。

3. 中西抗疫模式的不同結果，彰顯中國治理效能

新冠肺炎疫情考驗了不同國家的治理能力。不同國家在同一時期面對同樣的治理危機所採取的不同對策，深刻地體現了不同制度的差異性，以及不同制度在應對特定重大議題上的優劣，並直接

通過各自秉承的治理觀念與理論表現出來。[4]在西方的抗疫行動中，有幾點導致了抗疫不力的後果：

首先，政治凌駕於科學之上。在該點上，尤以美國最甚。首先是政治人物個人層面的政治，這裏特朗普無疑是主角。特朗普為了其個人權力、選舉等考量，不惜否定專家的科學建議。特朗普上任以來屢屢否定與其立場相違、甚至指正其錯誤的權威意見與實施，以擴張其個人權威。這次疫情中，特朗普把這種情況推到了極端。總統多次無視疾病控制及預防中心（CDC）官員及其他專家基於科學的建議，淡化疫情，提出未經證實的療法。其次是利益集團層面的政治。這主要表現對經濟重要還是生命重要的爭論，及其相關的政策之中。美國的很多保守派政治人物，無論在聯邦層面還是州和地方層面，一直把經濟置於生命之前，甚至公開主張為了經濟可以不惜人民的生命。儘管這種爭論不可避免，但經濟重於生命的理念，的確影響着無論是聯邦政府還是地方政府的抗疫政策的有效性。其三，在國際層面，美國總統和高官都竭力想把冠狀病毒擴散的責任推給中國。儘管包括美國在內的各國科學界共同體，對冠狀病毒的起源仍然處於研究階段，但美國的政界和保守派媒體不斷製造着種種有關冠狀病毒的「理論」，如「中國起源論」「中國責任論」和「中國賠償論」等等，試圖把自己抗疫不力的責任推給中國。[5]

第二，反智主義盛行。不帶口罩、聚會，甚至攻擊自覺戴口罩的人等反智主義行為盛行。全球新冠肺炎疫情，讓我們看到了以往

4　楊光斌. 從抗疫鬥爭看中國的國家治理理論及其比較優勢 [N]. 光明日報，2021-07-08.

5　鄭永年. 政治凌駕科學與西方抗疫問題 [EB/OL]. 中國新聞網，2020-05-12, https://www.chinanews.com/gj/2020/05-12/9181874.shtml.

看不到的「真實世界」，尤其是那層出不窮的西方「反智主義」。從拒戴口罩向病毒示威，到焚燒 5G 基站以隔斷病毒傳播，從聘請牧師公開詛咒病毒，到總統帶頭鼓吹「喝消毒水」……一幕幕讓人感到迷惑的反智行為接連在西方上演，令人瞠目結舌。這一系列反智主義行為背後仍然是將疫情政治化的結果。

　　第三，以個人權利為價值導向的西方治理理論存在內在缺陷。西方治理理論強調非政府組織、各種社會組織以及個人自身的作用，弱化政府在公共事務治理中的作用。他們將政府對社會的干預看作是對個人權利的侵犯。英國提出的「羣體免疫」就是個人主義價值觀的體現，即認為個人的死活是個人的事，政府不對人命關天這等大事負責。在這種價值觀下，即便政府有所作為也會受到民眾的阻撓。所以，我們可以看到，在疫情形勢極其嚴峻的情況下，依然會出現不帶口罩、大規模聚會的現象。

　　與西方的抗疫實踐形成鮮明對比的是我國強有力的抗疫措施和抗疫理念，使得我國能快速控制住疫情。疫情爆發之初中國處於很被動的局面，但隨着武漢封城，中國在較短時間內扭轉了疫情蔓延的嚴峻態勢，並且之後疫情的局部爆發都能在較短時間得到控制。中國逐步恢復了經濟社會發展秩序，將疫情防控轉變為常態化防控狀態。這讓我們看到了中國特色社會主義顯著的制度優勢。首先，我國始終將人民的生命健康放在第一位。在面對保經濟還是保生命的問題時，我國政府毫不猶豫將保障人民生命安全放在首位，快速建立方艙醫院，對新冠患者應收盡收，應治盡治，全國馳援武漢。對防控疫情不利的官員會作出嚴厲懲罰，這也表明瞭中國政府防控疫情的決心。第二，中國的集體主義精神使得民眾在面對突發公共危機時，可以讓出部分個人權利。例如，不進行聚會、居家辦

公、個人大數據被採集等。第三，從中央到基層的高效治理體系使得有令必行，有禁必止。中國政府具有高度的組織動員能力，抗疫是一場全面參與的行動。

（二）中國模式的內部治理有效性

理解中國模式，不能僅停留在展現經濟奇跡的各種經濟指標上，而必須深入到這些經濟指標背後的政治經濟制度效能，即中國的制度優勢上來。冷戰時期，西方國家為了討好工人階級，不讓他們支持社會主義，切實改進了他們的收入和住房。蘇聯崩潰之後，以「歷史終結論」為代表，西方國家覺得徹底勝利了，更加迷信「新自由主義」，不再改善國內底層福利，結果內部不平等比冷戰時期要加劇的更加厲害，沒有競爭，制度就加速了墮落。[6] 因此，就中國改革開放以來所取得的成就，很多人簡單地歸諸於中國學習西方的結果，而根本忽視了中國本身在開放狀態下所進行的制度創新，這是偏頗的。無論是國家的崛起還是民族的復興，最主要的標誌便是一整套新制度的確立和其所產生的外在影響力，即外部的崛起僅僅只是內部制度崛起的一個外延。制度是決定性因素。看不到中國的制度優勢，既難以解釋所取得的成就，也難以保障已經取得的成果，更難以實現未來可持續的發展。[7] 伴隨中國在開放狀態下所進行的制度創新，契合中國文化的以「內部多元主義」和「三層資本體系」為核

6　陳平. 新自由主義的警鐘：資本主義的空想與現實 [J]. 紅旗文稿，2014(12): 7-13+1.

7　鄭永年. 中國崛起與歷史的新開端 [N]. 聯合早報，2019-09-17.

心的政經制度已經構成了中國最為根本的制度體系。從根本上說，正是這套政經制度的有效性，為中國模式提供了內部治理有效性。

1. 開放、競爭、參與的政治過程：內部多元主義

為適應發展治理需要，中國在政治體制上逐漸發展出內部多元主義的制度安排，使得中國政黨制度不僅與蘇聯、東歐國家區別開來，也與西方的多黨制區別開來，形成了自己的民主政治模式。內部多元主義主要表現為三個相關的政治過程，即開放、競爭和參與。開放是競爭和參與的前提。在政治領域，開放指的是政治過程的開放，即政治過程向不同社會羣體開放，向不同社會經濟利益開放。在這個前提下，開放引發出另外兩個過程，競爭和參與。競爭主要是人才競爭，是管理國家經濟社會事務等方面人才之間的競爭。這裏的競爭不是西方意義上的單純選舉，而是選拔基礎之上的選舉。參與是社會不同羣體參與政治的過程，既可以是對人才選拔或選舉的參與，也可以是對政策制定和落實的參與。[8]可以從上述開放、競爭和參與三個過程來分析這一制度安排。

更為突出的開放政黨（Open Party）。如果不開放，一種政治制度就必然表現為排他性和封閉性，而缺少包容性。這種開放性，在西方是通過外部多元主義即多黨政治實現的，每一個社會羣體都試圖找到能夠代表其利益的政黨。由於中國共產黨是中國政治體系的支柱，其開放性也就決定了整個中國政治體系的開放性。中國共產黨作為執政黨，在經濟社會利益多元化的條件下，向各個社會羣體和利益集團開放政治過程，形成了一黨主導下的開放型政黨制度。

8　鄭永年 . 契合中國文化的制度安排 [N]. 人民日報，2016-04-22(007).

執政黨通過開放機制，代表最廣大人民的根本利益，擁有最廣泛的社會基礎。黨員構成的變化，就是一個觀察指標。在毛澤東時代，工人、農民與人民解放軍，佔據了中國共產黨黨員的大部分。改革開放以來，知識分子、專業人士以及新近崛起的社會階層，在黨員中的比例日漸增加。如果西方是以「外部多元主義」為特徵，那麼在中國，則是以這種「內部多元主義」為特徵。不同的利益首先被「內部化」，他們被融合到既有體系中，進而在體系內部與不同利益羣體進行競爭與協作。將私營企業主吸收入黨，並將其納入到政治過程中之後，中國共產黨將重點放到「社會管理」上，以期通過吸納更多的新生社會力量，來擴大其執政基礎。[9] 這種內部多元主義的有效性並不比其他制度低，而且因其在一個體系內協調利益、實現利益，可以避免大規模的社會衝突。[10]

更為有效的精英競爭（Meritocratic Competition）。競爭是解決政治精英選拔、繼承和更替的過程。在很大程度上，西方民主的本質是通過定期選舉解決政治精英的選拔和變更問題。而中國共產黨則在內部形成黨內民主與黨內集體領導制度，使得中國政治制度具有強大的政策動員能力，能夠實現政策的及時變化。在西方國家，越來越多的反對黨不再是傳統意義上的反對黨，而僅僅是為了反對而反對。在這種情況下，具有實質性意義的政策變化變得非常困難。如果說西方民主更多地表現為政權輪替，中國民主則更多地表現為政策輪替。[11]

---

9 鄭永年，陳超. 新時期的中國共產黨：挑戰與機遇 [J]. 武漢大學學報（哲學社會科學版），2013, 66(03): 10-18+127.

10 鄭永年. 契合中國文化的制度安排 [N]. 人民日報，2016-04-22(007).

11 鄭永年. 契合中國文化的制度安排 [N]. 人民日報，2016-04-22(007).

更為廣泛的公眾參與（Public Participation）。中國是人民當家作主的國家，人民通過選舉民主和協商民主實現政治參與，一方面通過選舉、投票行使權利，另一方面人民內部各方面在重大決策之前進行充分協商，儘可能就共同性問題取得一致意見。在民族關係上，堅持和完善民族區域自治制度，鞏固平等團結互助和諧的社會主義民族關係。在基層實行村民自治制度，直接選舉村民委員會對基層進行治理。應當指出的是，不能把中國的民主僅僅理解為選舉，它是包括有利於上述開放、競爭和參與的各種制度建設，有着更為廣泛的內容。[12]

內部多元主義的核心特徵表現為一黨執政下的開放型政黨體制，它既能促進精英階層的快速更替，也能具備較強的政策動員能力和政策調整能力；它既不發展西方式的民主，也不拒絕民主因素的增長。一方面致力於調整制度框架，以確保經濟改革和政治穩定。另一方面，它又旨在應對經濟社會發展帶來的急劇變遷，這一過程可以被稱為「政治漸進主義」。

2. 混合經濟制度：三層資本體系

無論東方還是西方，政治經濟體系的核心問題都是：是否把經濟（商業）活動視為政治事務和國家的責任。西方經濟發展問題和社會問題的根源就是政治和經濟的分離，資本依靠國家的力量而成長，形成了統一的民族市場。但當資本成長之後，便走上了尋求「自治」之路，即要逃離政治的制約而去尋求自身獨立的發展，這樣商人成為了政治的基礎，控制了政府。而資本尋求獨立的過程，

---

12 鄭永年 . 契合中國文化的制度安排 [N]. 人民日報，2016-04-22(007).

也造成了經濟、政治和社會等諸關係的急劇變化，造成了實際層面的政治和資本的合一。在中國的哲學中，自古至今，發展和管理經濟永遠是政府最重要的責任之一。經濟發展是政府的內在責任是中國經濟哲學的內核。[13]

在基本經濟制度方面，中國已經形成了「混合經濟制度」。具體地說，就是「三層資本構造」，即頂端的國有資本、低層以大量中小型企業為主體的民營資本、國有資本和大型民間資本互動的中間層。這個經濟制度可以同時最大程度上發揮政府和市場的兩種作用。在這個結構中，一些關係到國民經濟支柱的領域，國家一定要佔主導地位，但是大量的經濟空間會放給民間自由資本；而在中間層，政府和民間資本積極互動，有合作也有競爭。[14] 通過這樣三層的資本結構，政府維持與市場之間的平衡，並履行經濟管理的責任。上述三層資本共存的結構也決定了在中國，市場一定要服從國家治理的規制。

中國三層結構經濟體的優勢在於能夠預防大的經濟危機、能夠建設大規模的基礎設施、能夠大規模有效扶貧等。首先，國家繼續控制包括重工業、能源和基礎設施在內的關鍵產業。但是，國有制並不意味着國家控制。在很多情況下，儘管國家在「制高點」上保留了對許多企業的控制性所有權，但中央政府對於中央國有企業的運營幾乎沒有形成有效和直接的控制。其次，在許多競爭性經濟

---

13 鄭永年. 國家與發展：探索中國政治經濟學模式 [J]. 文化縱橫，2019(01): 30-37+142.

14 Yongnian Zheng and Yanjie Huang, Market In State: The Political Economy of Domination in China, Cambridge and New York: Cambridge University Press, 2018.

領域允許私有制。的確，私營企業已成為經濟體系的支柱。大部分經濟增長歸功於私營部門。其三，市場可以根據供需的力量自由分配國家的資源。它展示了通常與資本主義經濟相關的效率、增長和剩餘價值的生產的基本特徵。值得注意的是，雖然自由市場在很大程度上取代了經濟活動中中央對經濟的計劃的角色，但政府仍然通過「指令性規劃」指導國民經濟的整體發展。

不同於西方經濟理論中的供求關係，中國的國家跟市場基本上是相對平衡的，並且中國的經濟模式特別強調政府的角色。這樣的一種經濟模式，可以歸納為「混合經濟模式」，在這個模式裏，國有部門和非國有部門要保持平衡。在中國，很長的歷史時期，總有一個強大的國有部門，國家對關鍵經濟領域起着直接作用，承擔着國家的眾多職能，包括公共基礎設施的建設、應對隨時發生的各種各樣的危機、平衡市場的力量等。因為中國有一個強大的國有部門，像西方那樣的私有化在中國不會發生。中國的經濟只有一部分是私有化。全面的國有化和全面的私有化都不是中國經濟的常態，混合經濟模式才是中國經濟的常態。

經驗地說，在任何社會，經濟形式決定了社會形式，而社會形式又決定了政治形式。三層資本形式塑造着今天中國的社會結構，它本身既是一個經濟秩序，也是一個社會秩序。同時，中國的政治過程又是開放的，不同層級的資本和社會形式都可以進入這一開放的政治過程，參與政治過程，有序地主導和影響着國家的進程。[15]

15　鄭永年. 中國崛起與歷史的新開端 [N]. 聯合早報，2019-09-17.

二、中國模式具有哪些外部治理借鑒經驗？

　　儘管西方的「中國崩潰論」「中國解體論」依然盛行，但如果人們足夠現實，那麼就不應該低估中國制度的生命力及其可能的外部影響力。經過了一個世紀的革命和戰爭（1840-1949）、七十年的建設探索（1949-2019），毫無疑問，目前這套可以概括為「中國模式」的制度主要是基於中國自己的文化、現實和實踐而得來的。因此，中國制度演進的經驗首要意義在於讓中國找到了自己的模式。中國領導層也公開表示，儘管中國絕對不會輸出自己的模式，但中國經驗可以為那些既要爭取自身的政治獨立又要爭取經濟社會發展的國家提供另一個制度選擇。這樣的另一個選擇之所以可能，原因在於中國基於特殊實踐形成的模式，其背後蘊含着在某種程度上具有普遍性的治理智慧。從政治哲學與政治經濟學層面看，中國模式背後的思想、觀念及方法論值得外部治理借鑒的，主要包括以下方面：

（一）國家建構的優先性 —— 發展型國家漸進的發展議程、改革的漸進性

　　西方民主是建立在經濟的發展和財富之上的。儘管民主化是否要等到經濟發展之後才可以發生和發展是個見仁見智的問題，

但不可否認的是經濟發展和財富肯定是有利於民主的生存和發展的。而經濟持續發展的一個基本條件就是有一個基本的政治秩序。早先亞洲四小龍（即韓國、中國台灣地區、新加坡和中國香港）的發展說明了這一點。但是，上世紀九十年代後期以來，一些國家和地區因為不能保證這樣一個政治秩序而出現了經濟停滯不前甚至滑坡的現象也從反面說明了這一點。可以毫不誇張地說，今天發展中國家所經歷着的不僅是經濟轉型上的困難，而且也是民主政治的危機。[16]

在發展中國家，當權者要同時完成兩件必要的任務，即建立一個獨立的國家和發展經濟。建立一個有序的獨立國家，在最低層面來說，是要確立對特定領土的有效控制，從最高層面來說，是確立一個合法的、主權的、對人民的需求負責的國家機器。同樣，經濟發展，從最低層面來說，意味着要能夠推動經濟的發展；從最高層面來說，是協調發展與再分配之間的關係。這兩個任務是無法同時完成的，最終在很多社會，國家的主導地位並沒有使其能夠控制社會，而讓社會處於一種無政府狀態。很多發展中國家，政治體制整合度不高，權力分散，缺少經濟發展的秩序基礎。[17]

近代以來，在解決「國家與革命」問題上，中國各派政治力量都有自己的主張，但日後的經驗證明，中國共產黨是成功的。這個關鍵便是中共接受了馬克思列寧主義。列寧的《國家與革命》要解決的，就是在落後國家如何通過革命，確立一個新的政治秩序的問題。毛澤東一代革命家通過「馬克思主義中國化」，把列寧的學說

16　鄭永年 . 政治改革與中國國家建設 [J]. 戰略與管理，2001(02): 1-12.
17　鄭永年 . 政治改革與中國國家建設 [J]. 戰略與管理，2001(02): 1-12.

成功應用到中國革命上，在和各種政治力量的鬥爭中勝出，確立一個新的政治秩序。[18]

改革開放以來，中國是當代世界少數幾個最成功解決了「國家與發展」問題的國家。改革之所以成功，與中國堅持「分解式」的漸進改革哲學有密切關係。任何人都沒有能力一步到位設計並建成一個完美的制度，或者說，這樣的目標遠遠超越出人類的理性能力。儘管人類的理性很重要，但任何制度都是漸進演變的結果。誇大人類理性，制度設計和建設反而會釀成災難。無論西方和中國本身，都可以找到很多這樣的例子，例如法國大革命和中國改革開放前的社會實踐。[19]

比較有效的改革次序應當是先經濟改革、再社會改革、再政治改革。除了這是一個從易到難的過程之外，也涉及一個體制改革的物質基礎問題。經濟改革優先是因為經濟改革創造其他改革的物質基礎。經濟改革優先於社會改革道理很簡單，沒有生產哪有分配。財富創造出來之後，才可以強調分配。經濟改革先於政治改革也可以為政治人物提供另外一個選擇。在政治主導一切的條件下，失去權力就等於失去一切。但如果失去權力之後，可以進入經濟領域，那麼對政治人物來說，政治改革就不是一場零和遊戲了。西方社會就是這樣一種狀態，政治人物如果在政治競爭中失敗，不至於沒有出路。但更為重要的是制度建設的次序問題。任何國家的國家制度表現在政治、經濟、社會等等方面。如果說，我們的最終目標是民主制度，那麼，沒有其他一系列制度的支撐，民主制度將是脆

18　鄭永年 . 中國政治經濟模式及其未來 .[J] 特區經濟，2019.01: 49.

19　鄭永年 . 中國的改革模式及其未來 .[J] 復旦政治學評論，2011: 70-86.

弱的。民主只是眾多基本國家制度中間的一種,不能取代其他方面的國家制度。歷史地看,先有現代國家,才有國家的民主進程。分解式改革並不是說,在一個特定時期只能進行經濟改革,或者社會改革,或者政治改革。分解式改革只是說,在任何特定時期,只能把一種改革定位為主體性改革。經濟改革、社會改革和政治改革本身也需要分解。這些領域改革本身可以分解成很多方面,而這些方面又可以確定哪些改革具有優先權。中國的改革發展大體走的就是這條路。重大變化和改革都在循序漸進中進行,避免了東歐劇變的不成功經驗,維持了國內長久的便於搞經濟建設的穩定局勢。[20]

(二)通過改造自身不斷擴大執政的合法性
—— 代表最大多數人的最大利益

在中國,政黨是政治行動的主體,行動不僅僅是求生存和發展,而是引領國家各方面的發展。就是說,政黨的現代性不是被變化着的環境所被動規定和界定;恰恰相反,執政黨要通過行動來主動規定自身的現代性,追求和獲取自身的現代性。通過不斷更新和規定其現代性,執政黨才能在不斷更新自身的同時保持其引領社會發展的使命感。[21]

中國共產黨是誕生於上個世紀 20 年的一個工人階級政黨,最終卻成功動員廣泛的社會力量參加革命,並依賴社會的支持奪取了

---

20 鄭永年 . 中國的改革模式及其未來 .[J] 復旦政治學評論,2011: 70-86.
21 鄭永年 . 中國共產黨的「自我革命」—— 中共十九大與中國模式的現代性探索 [J]. 全球化,2018(02): 11-19+131.

政權、取得了合法地位，這其中的核心變量就是被中國共產黨稱為生命線的「群眾路線」。「群眾路線」本質上就是對人民群眾最關心、最現實的切身利益問題的關切，政黨的現代性與社會的現代性，借由「群眾路線」實現力量的互相傳導。

中國共產黨很早就意識到，自己的執政地位不是與生俱來的，也不是一成不變的。比如在延安時期，共產黨軍隊進入延安的時候，沒有馬上被當地百姓所認可和接受，人們不知道這是甚麼軍隊，所以持迴避疏遠的態度。應當說，開始他們和當地民眾並不存在「一致的利益」。但經過延安的十三年「扎根」，它贏得當地百姓的認同，把民眾變成自己的政治支持力量，其做法是不斷尋找群眾的根本利益所在，讓自己「代表」他們。在土地革命時期，進駐晉察冀邊區指導工作的中央工作組，在調研中發現，幹部和群眾的隔閡嚴重，貼近群眾很困難，很多工作群眾不參與不配合。這一「致命問題」迫使他們不斷探尋群眾需要，尋找貼近群眾的方法，並據此改變自己的管理方式。工作組總結到，在前方打勝仗成為英雄，給群眾分配財富，都不能當然成為貼近他們的理由，只有真正滿足百姓需求，代表他們的利益，才能贏得人心。於是工作組發動群眾來改造幹部，由群眾代表制定規則領導土地改革，通過清除壞幹部，勒令退還多拿的財物，幫助群眾實現所需，減輕他們的負擔，最後贏得了擁護。[22] 在改革開放時期，中國共產黨通過經濟建設和恢復社會基本秩序，迅速再次取得了人民的支持。顯然，這個過程的成功是通過改造自己實現。最近二十年來，中國共產黨基於國情和黨情的變化，通過「三個代表」「群眾路線」「不忘初心牢記使命」

22　張靜. 反應性理政 [J]. 經濟社會體制比較，2010(06): 108-111+116.

等學習教育活動，不斷改造自身，以適應社會最廣泛羣體的最大利益共識。

（三）政治經濟安排的實用性 —— 拒絕自由資本主義和空想社會主義

儘管中國在政治上一直對外宣示要堅持特定的意識形態，但在具體的政治經濟安排上，中國是非常務實的，它拒絕單一概念的民主和自由，因為它們現在形成了意識形態、價值和道德，並非是實踐方法，也不是制度安排。以《21世紀資本論》揚名於世的法國經濟學皮凱提，他的研究清楚指明瞭以亞當·史密斯為代表的自由資本主義理論的破滅：分工加貿易不見得能導致國富，因為發達國家控制的資本累積主導了財富的分配。工業化和殖民主義導致富國和窮國的貧富分化，並引發一系列的戰爭和革命。決定市場份額的不僅是貿易的比較優勢，也包括武力的比較優勢。民主和道德都不足以制約資本的貪得無厭。革命和戰爭導致西方富國的興衰和產業中心的轉移，沒有一個富國能長久保持國際分工格局的霸權，私有產權界定的資本收入也週期性地蒸發和毀滅，所以資本也無法累積到無窮。[23] 與其他發展中國家過去積極擁抱自由資本主義（新自由主義）不同，中國並沒有通過簡單的政治手段（政治開放和民主化）和「大爆炸式」的經濟手段（政府退出經濟活動和激進私有化）來幻想謀求經濟發展。因此，中國和很多發展中國家區分開來，它沒有

---

23 陳平. 新自由主義的警鐘：資本主義的空想與現實 [J]. 紅旗文稿，2014(12):
    7-13+1.

幻想通過依賴西方經濟來謀求發展。[24]

　　中國的實用主義既表現在政治上的「反應性理政」，也表現在經濟上的「摸着石頭過河」。深入觀察治理實踐之所以重要，原因在於聲稱和行為有差別。一方面，人們多聞意識形態言語的固執，另一方面，又常看到，實際上行不通的時候不斷發生的變化。反應性理政的特點是，執政模式不固定，根據社會變遷作出反應，在穩固執政權的考量下，不斷適應社會的需要調整自身。當社會變動，比如社會結構發生變化或者社會價值觀發生變化的時候，根據新的需要進行適應性的調整，改變自己和其他社會成分的關係。這一點使中國政體與前蘇聯和東歐國家也顯示出差別。是否根據社會變化不斷進行自身的改變，吸納重要的社會利益羣體，調整社會利益的「代表」關係，可以解釋國際學界有關「執政韌性」的困惑：為甚麼上個世紀九十年代很多社會主義國家的執政黨結束了他們的政治生命，但中國的執政黨生存了下來。[25]

　　在經濟上，中國始終讓它的政府在面對意外情況時擁有較強的務實性和較快的適應能力。鄧小平當年的「白貓黑貓論」就是這種務實性的一種表現。在處理政府與市場的關係上，「中國模式」一方面，大力培育和發展市場經濟這只「看不見的手」，而政府這只「看得見的手」卻從未停止過發揮主導作用。政府既通過市場間接發揮作用，又在必要時直接進行干預。而其他模式顯然更重視「看不見」的那隻手。「看不見的手」具有相當的不確定性，但「看得見的手」是相對可把控的。面對危機，兩手並用的「中國模式」顯得

24　鄭永年 . 中國政治經濟模式及其未來 [J]. 特區經濟，2019(01): 49.

25　張靜 . 反應性理政 [J]. 經濟社會體制比較，2010(06): 108-111+116.

更有克服危機的能力。在 200 年全球金融危機爆發後，中國政府成為最早推出大規模基礎設施投資計劃的國家。同時因為強勢政府積聚了強大的外匯儲備，能使得中國經濟在短期內有快速復甦的趨勢。[26]

（四）對外開放與擁抱全球化 —— 在綜合創新中發展自我

堅持對外開放和學習其他模式的成功特質，對後發國家的現代化發展的重要性再怎麼強調都不為過。因為中國的經濟奇跡就是在高度開放狀態下擁抱全球化實現的。如果毛澤東時代實現了一個獨立的中國，那麼鄧小平時代，這個獨立的國家高度融入了世界體系。這個融入並不是今天很多西方人所說的「西方施捨」，而是中國的主動融入。中國並沒有步蘇聯的後塵「另起爐灶」，而是選擇加入以西方為核心的世界體系。正是因為主動選擇，中國抓住了全球化所帶來的機遇，實現了快速的崛起。而其他很多國家未能有效抓住這個機遇，甚至失去了這個機遇，這個與他們的選擇有關。也是因為主動地加入，中國在加入這個體系之後仍然能夠維持自己的獨立性。和世界體系的互相依賴並沒有妨礙中國獨立的外交和內政。[27]

中國經濟採取了對外國以及國際貿易和外資開放的模式。在開放中獲取先進技術、現代管理方法、先進知識以及外國資本。中國經濟的內外部資本累積同時進行，內部的資本累積依賴於國有銀

26　王輝耀. 中國模式的特點、挑戰及展望 [J]. 中國市場，2010(16): 8-13

27　鄭永年. 中國崛起與歷史的新開端 [N]. 聯合早報，2019-09-17.

行對國有企業的信貸支持和對基礎設施的投資，而外部資本累積依賴於外國直接投資和出口導向型增長。通過漸進式對外開放，中國逐步加入國際經濟體系，成為世界主要進出口國和對外被投資國，並正在變成主要的對外投資國。[28]

中國模式的成功，中國經濟的發展，除了穩定的國內環境以及政府主導對經濟的強力推進之外，還趕上了至關重要的歷史的契機——幸運地在對外開放之時恰好迎來了世界經濟的全球化浪潮。全球化浪潮對「中國模式」的影響是怎麼說都不過分的。當世界進入波音空客時代，當電腦、通訊、手機開始普及，當地球變平之際，中國正好處在主動開放的大浪潮中。而中國在 21 世紀的第一年加入 WTO, 更為中國經濟的騰飛帶來強大的推動力。中國把握住了全球化給中國帶來的巨大機遇，成功地將三億農民轉型為農民工，全世界迎來了中國製造時代。全球化進程中，發達國家向發展中國家進行中、低端產業轉移，發展中國家利用發達國家的技術、資本，和本國的資源進行產業升級。也就是說，中國在全球化的國際分工機遇中要取得發展，最關鍵的是在這段時間比其他發展中國家取得了更好的「比較優勢」。[29]

中國模式之所以取得巨大成績，在於對外開放大量吸收了市場經濟的優勢和其他模式的經驗。對外開放很大程度包含了學習和融入其他模式的成功特質。新加坡東亞問題專家馬凱碩曾總結出亞洲幾大模式成功是吸收了西方智慧七大支柱的結果：自由市場經濟、熟練掌握科技、精英管理班子、實用主義、和平文化、法制及強調

28　王輝耀 . 中國模式的特點、挑戰及展望 [J]. 中國市場，2010(16): 8-13
29　王輝耀 . 中國模式的特點、挑戰及展望 [J]. 中國市場，2010(16): 8-13.

教育。反觀中國模式，也是不同程度的吸收了西方的這幾大智慧。同時，中國模式還學習了亞洲內部的「日本模式」、「亞洲四小龍模式」的成功經驗。[30] 在全球化的今天，中國模式和其他模式的互動更為頻繁，或主動地向其他模式學習，或被動受其他模式影響。[31]

30　王輝耀. 中國模式的特點、挑戰及展望 [J]. 中國市場，2010(16): 8-13.
31　鄭永年. 從宏觀角度認識「中國模式」[J]. 中外企業文化，2010(8): 63.

三、世界變革下中國模式將會 迎來怎樣的前景？

2019 年底，一場突如其來的疫情爆發，並迅速席捲全球。世界遭遇了二戰結束以來最嚴重的全球公共衞生危機，不穩定性不確定性明顯增強。

（一）中國模式在後疫情時代面臨的機遇

中國在抗擊疫情期間發揮了舉國體制的優勢，在後疫情時代下，挑戰與機遇並存。疫情給世界經濟的發展以及整個世界格局都帶來了深刻影響，世界經濟的發展面臨着衰退危機，二戰以後建立的世界體系面臨挑戰。在這樣的風險格局下，中國模式的發展也面臨着新的機遇：

第一，倒逼國內產業鏈與技術的升級。中國現在是世界上產業鏈最完整的國家，但存在製造業處於產業鏈條的低端，附加值低，原創性少的問題。在後疫情時代，面臨超級全球化向有限全球化的轉變。在超級全球化時期中國以出口導向型經濟為主。有限全球化對中國經濟發展模式來說必須轉變過去出口導向型為主的模式，積極開拓國內市場，通過向產業鏈中的高附加值環節發展，改變國內供需不平衡的結構性矛盾。面對美國以及其他國家對中國高科技企

業的遏制，需要加快提高自主研發能力，在關鍵核心領域發揮科技創新舉國體制的作用，進行集中攻關。具有風險性和不確定性的外部環境，更能激發國家的發展潛力。

第二，在抗擊疫情中，中國模式的優越性得到彰顯。中國在抗擊疫情中的表現體現了在應對突發公共衛生危機時能夠快速調集全國各項資源，合理處置集權與分權、集中與民主的關係。中國在有效抗擊疫情下，還積極主動幫助有需要的國家，為他們提供醫療物資和醫療援助，展現了負責任大國的形象。很多西方國家在本次疫情中的表現另世界人民失望。已經自顧不暇，更無暇顧及他國和承擔領導國際抗疫的行動。世界各國抗疫各自為政，缺乏抗疫共識。中國從來不會主動推銷中國模式，但中國模式中的積極因素可以為那些想要實現發展的國家和民族提供借鑒經驗。

第三，中國將在後疫情時代的國際關係中發揮重要作用。疫情催生了很多國際關係領域的新問題，但歸結起來，世界各國的發展需要一個和平的國際環境。美國的單邊主義和霸權主義盛行，美國退出了世衛組織等國際組織，這意味着美國參與全球治理的意願越來越低，不願意承擔作為一個超級大國的責任，在國際組織中的話語權越來越少，這為中國成為新的國際領導者提供了空間。疫情對本就低迷的世界經濟帶來了嚴重危機，在後疫情時代，各國最主要的任務就是要盡力降低疫情對經濟和民生的影響，調動全球資源和力量，推動各方在減緩債務、加大援助等方面採取及時和強有力的舉措，助力發展中國家發展，縮小貧富差距。習近平指出，疫情放大了全球治理體系中不適應、不匹配的問題。各方應思考如何加以完善，而不是推倒重來，另搞一套。中國將發揮維護和完善以聯合

國為核心的國際體系的作用，積極承擔應對氣候變化的國際責任，持續發揮在國際公共事物治理中的作用。

（二）中國模式需要面對的時代性重大挑戰

隨着中國的持續崛起，中國模式日益表現出了與西方模式進行制度競爭的潛力。然而，在世界發展越發充滿不確定性的大背景下，作為一種制度治理模式的中國模式的可持續性問題，本身是值得思考的大問題。毫無疑問，中國的政治經濟體制是其自身文明與特定實踐的產物，如「中國崩潰論」所預言那樣，「中國模式」走向消亡是不現實的。但認為「中國模式」就此定型，並「統治」世界，則更是盲目樂觀或自大。一個比較客觀地判斷，正如西方文明與制度模式正在遭受這個時代帶來的某些重大挑戰而進行深度調整一樣，中國模式也必將會因為這個時代帶來的挑戰而不斷深化與調整，從而可能帶來新的制度特徵。除了來自西方制度的意識形態競爭與遏制之外，「中國模式」至少需要回應以下這些當前時代正在發生的重大挑戰：

第一，疫情加速逆全球化潮流。從上個世紀 80 年代開始的全球化，哈佛大學經濟學教授達伊・羅德里稱之為「超級全球化」，就是不再以主權經濟體為基礎的全球化，主權國家失去了它的經濟主權。這一次全球化使得產品形式發生了變化，從整產品變成組裝品。這一波全球化之下，個人財富在分化，社會中產階層急劇縮小，社會羣體遭到破壞[32]。突發疫情讓各個國家都認識到經濟主權回

---

32 鄭永年. 中美不可能完全脫鈎 [EB/OL].IPP 評論，2020-07-10.

歸的重要性，越來越多國家認識到，「和本國民眾生命安全直接相關的東西不能任其流失」，經濟全球化將因此被重新定義，「超級全球化」會逐漸轉變為「有限全球化」。「有限全球化」會強化主權政府的經濟主權，把國家安全的東西牢牢掌控在自己手裏，把跟老百姓生命安全有關的產業儘量放在國內。而這次疫情就提醒大家最需要的是口罩、洗手液、防護服、呼吸機等。即使全球產業鏈供應鏈分工已經形成，但一旦和國家安全聯繫起來，很多在海外的企業會逐步回到本國，因為這已不是單純的經濟問題，而是融入了各國政治和社會穩定的需要。此次疫情也讓西方國家認識到，經濟是不可能脫離政治和社會「自成一體」、單獨運轉的，它是整個社會系統的一部分，服務於整個國家和社會的需要。疫情是經濟全球化加速演變的一個催化劑，以美國為首的西方國家以國家安全的名義加速與中國在經濟、科技、文化等各個領域的脫鈎。美國頻頻對中國的高科技企業、外交官員、學術交流人員下手，採取制裁、遏制、驅逐的方式與中國對抗。在這樣的背景下，中國不得不作出有效的應對。

第二，新技術革命引發經濟與社會形態發生改變。我們正在經歷一場比以往任何時代都更大範圍、更深層次的科技革命和產業變革，新一代信息技術（人工智能、量子信息、移動通訊、物聯網、區塊鏈），生命科學（合成生物學、基因編輯、腦科學、再生醫學），先進製造（機器人、數碼化、新材料），能源技術（新能源），空間和海洋技術等領域的前沿技術不斷取得突破，新技術、新業態、新產業層出不窮，對世界產生極其廣泛而深遠的影響。新技術革命必然引起經濟和社會形態發生變化，這種變化也必然形成對國家治理的挑戰。未來，人類認識世界的方法論將迎來一

場新的革命，數據將逐步從宏觀到微觀映射物理世界，算法將在數字世界完成理論推理、實驗驗證、模擬擇優，運算力將不斷提升數字世界的精確度、減低數字世界的顆粒度，最終數字世界將產生最優的結果，直接用於改造物理世界。我們可以把智能經濟理解為使用「數據＋算法＋運算力」的決策機制去應對不確定性的一種經濟形態。這與依賴價格信號的市場機制，以及依賴人為協調的企業機制，有着顯著差異。多種技術的集成是本次智能技術浪潮的核心特徵。以雲計算、大數據、物聯網、人工智能、5G 為代表的新一代信息技術，在不斷的融合、疊加、迭代中，為智能經濟提供了高經濟性、高可用性、高可靠性的智能技術底座，推動人類社會進入一個全面感知、可靠傳輸、智能處理、精準決策的萬物智能時代。

第三，財富創造方式與社會階層的改變。新技術革命必然催生「知識經濟」，即生產力更多地是由勞動力所掌握的知識、技能的質量和密度來決定，而自然資源稟賦、勞動力人口規模，甚至是資本累積程度等其他因素的相對重要性都下降了。藉助互聯網的聚焦效應和全球化的分工和供應鏈網絡，擁有技術優勢的企業或個人可以從前難以想像的速度，白手起家地建構起一個產業帝國。因為一切除了技術本身之外的生產力要素弱點都可以在短時間內彌補，彌補不了的也可以通過轉包、代工等方式把他人的優勢嫁接在自己的弱點上，從而形成最終優勢。如今美國和中國的高科技企業無不如此。因此，技術權力憑藉知識方面的不對稱優勢在短時間內膨脹，而資本權力將依託技術壟斷地位得到持續擴張，勞動力紅利則可能轉而成為不良資產。這種財富創造方式的改變，即經濟上只有少部分人獲得巨大收益，而大多數人無緣分享財富，將塑造新的社會結

構：大部分成為無用階級，極少數精英進一步強大，社會中心權力的進一步凝聚。

第四，政治參與的改變。新技術帶來的生產力要素的改變以及財富分配的改變，使得財富越發集中在少數人手中，也使得作為社會穩定器的中產階級越發萎縮。事實上，美國乃至整個西方都在不同程度上被這種倒退和滑坡的焦慮氛圍所影響，相當一部分民眾滋生出悲觀乃至憤怒的情緒。這種情緒最終必然投射到民眾的政治參與中，引發非常嚴峻的社會問題，其中最為突出的表現之一就是民粹主義發跡。民粹主義在西方並不是甚麼新事物，但在二戰後一直沒有多少市場，因為在中產階級佔有絕對優勢的社會中，劍走偏鋒的民粹主義政治人物可以動員的選票實在有限。但是當美國有20%的家庭由中產滑落為貧困時，其政治參與的行為模式必然發生改變，這就給予了特朗普這樣鼓譟民粹觀點的投機分子以機會。而在民粹主義政治中，政治精英是墮落的，他們拋棄了當選者應當肩負的代議責任，通過公投等方式把國家發展方向等重大決策任務拋給普通大眾，呈現出一種有權力、無責任的惡劣局面。所以說無論民主也好，威權也罷，每一個社會都需要通過適度調整社會的貧富差距，緩和階級關係，以此來鞏固主體社會階層的良性政治參與。而對中國來說，在當前技術革命狂飆突進的時代下，我們中產階級還不夠龐大，而且中產階級和知識階層理性還不夠，有時候過於實用主義，有時候過於理想主義，一旦啟動了政治改革，這部分人無法分辨並建構理性的政治參與模式，很容易在民族主義和民粹主義的狂熱下沉默，形成與當代西方類似的社會分裂，最終引發社會動盪。

（三）中西方模式的未來和可能走向

英美新自由主義強調放鬆政府對經濟的干預。以「新自由主義」為主要特徵的英美模式並不是完美無缺的，而是存在着缺陷和弊端。這次疫情，暴露出西方國家的很多問題。最主要的是全球化導致的經濟和社會的脫嵌。作為一套思想體系，經濟自由主義相信市場具有自我調節能力，並在此基礎上為一系列新的公共政策提供辯護，促進土地、勞動力和資本之間的市場調節。這也就是英國「放任自由」經濟學的起源。在和社會脫嵌之後，經濟成了自主的「自然秩序」，因為「自然秩序」是不可改變的，社會必須也只能服從這個「自然秩序」。1980 年代之後的所謂新自由主義經濟學，把自由市場推到了前所未有的高度，美國有不少人主張救經濟要比救人更重要。應當說，西方福利社會並沒有實現經濟和社會的互相嵌入，而是解決了兩者脫嵌所產生的問題，使兩者達到一個均衡狀態。但 1980 年代之後數十年的經濟全球化，則在更大程度上導致經濟和社會的脫嵌。超級全球化的主要特點，就是資本、技術和人才在全球範圍內的快速和高度流動，各國失去了經濟主權。而支撐這脫嵌的正是新自由主義經濟學。在和平時期，國際市場可以正常營運，誰都可以從全球範圍內的勞動分工中獲得利益。一旦像新冠病毒這樣的危機來臨，各國政府都轉向內部需要，所謂的全球市場甚至區域市場就不再存在。在這種情況下，很多發達國家面臨物資緊缺，挽救不了老百姓的生命。[33]

未來，在美國，民主黨政府已粗線條地勾勒出對新自由主義模

---

33 鄭永年.「超級全球化」與人道主義危機 [EB/OL].IPP 評論，2020-07-14.

式進行改革和重塑的政策思路，加強國家對經濟生活的適度干預，改變完全由市場來決定經濟生活的狀況，在某種範圍內重拾國家的調控功能。英國也在努力尋找「戴卓爾主義」和政府干預之間的平衡，國家干預以及國有化措施是否只是危機中的應急之舉，危機緩解後的英國還是否要繼續走自由市場發展模式之路。基於美英等國的歷史文化傳統與經濟運行的慣性趨勢，它們未來應該仍會走自由市場經濟的發展道路，不會向歐洲大陸的社會市場經濟模式「臣服」。但它們也不會完全回歸到傳統的新自由主義的老路上去，而是會根據時代的變化與形勢要求進行一定的調整和改造。

為應對來自美國（西方）的制度競爭和時代挑戰，堅持根本政治制度的同時勇於開展制度創新，是中國模式與時俱進的關鍵，也為中國模式尋求與世界體系內其他不同模式的制度兼容和良性競爭創造了可能性。回溯過去，全球化給了「中國模式」一次歷史機遇，2008 年金融危機同樣是歷史賜予「中國模式」重新自我審視和轉型、全面洗牌和創新的好機會。同樣，面對當下挑戰，更加解放思想，勇於推進開創性的制度實驗和探討開創性的制度試驗都應成為下一個階段執政黨全面提升國家治理體系與治理能力現代化的工作重點。如果沉浸於「中國模式」的陶醉，僅看到其中的優勢而高枕無憂，任其發展，中國將錯過重大的歷史契機。[34] 中國在現代化探索的道路上取長補短，尋找出中國特色社會主義制度，符合時代的需要同時符合中國國情。新冠肺炎疫情使人們認識到本國供應鏈完整的重要性，新冠肺炎疫情過後，世界各國將更加關注內需和本國生產，保護主義將更加嚴重，單邊主義上升，全球產業鏈和供應

34　王輝耀 . 中國模式的特點、挑戰及展望 [J]. 中國市場，2010(16): 8-13.

鏈面臨衝擊。[35] 當有限全球化到來後，中國應在其自身產業鏈完整的優勢上，加速創新，創造出更多的原創產品，減少對西方的技術依賴。在經濟模式上，中國會加快形成以國內大循環為主體、國內國際雙循環相互促進的新發展格局，充分發揮國內超大規模市場優勢，暢通國內大循環為經濟發展增添動力。「以國內大循環為主」的重大戰略調整並非被動和臨時之舉。自 2008 年國際金融危機爆發以來，從「外循環為主」轉向「內循環為主」是中國經濟發展模式變革的內在要求。[36]「內循環為主」不是封閉的國內循環，而是更加開放的國內國際雙循環。中國會與美國的封閉主義不同，將會進行更高水平、更高層次的開放，積極與願意同中國交往的國家開展和平的經濟貿易往來。在政治模式上，中國將繼續發揮和完善中國特色社會主義制度的優勢，堅持中國共產黨的集中統一領導，堅持走中國特色社會主義道路。在對外關係上，中國將採取更加開放包容的態度，調整國際關係，成為一個包容的大國。

從世界文明演進看，國家／文明共同體模式之間的競爭不可避免，但不是零和遊戲。世界經驗會影響中國模式，同樣中國模式也會影響其他模式。模式之間的互相學習、競爭和改進是全球化能夠貢獻給人類社會最寶貴的東西。因此，着眼於「中國模式」的前景，我們必須深刻明白，未來的「中國模式」應該是一個不斷開放和普世化的模式，不拒絕任何先進的人類經驗和其他模式的成功之處。我們不贊成一味吹捧「中國模式」的優越性而遮蔽了其嚴峻的缺陷

35 賈根良.「以國內大循環為主」是中國經濟內在規律要求 [N]. 長江日報，2020-9-12.

36 賈根良.「以國內大循環為主」是中國經濟內在規律要求 [N]. 長江日報，2020-9-12.

和挑戰，我們更反對狹隘地將現有的「中國模式」認為是中國的未來之路，而全盤否定其他模式。

　　人類是在相互學習和總結中進步，在不斷調整和改造中上升。過去「中國模式」成功很大程度在於不斷地融入「歐美模式」「日本模式」等在內的全人類好的經驗和智慧，以積極、開放的心態迎接全球化。那麼，未來中國經濟或社會要解決可持續發展問題依然必須學習「普世經驗」和「普適價值觀」。反之，要想讓「中國模式」被世界認同和得到推廣，也就是說自身能具有普世性，更必須不斷開放和融合。

參考文獻

1. 鄭永年：《中國模式經驗與挑戰》，北京：中信出版社，2016 年。

2. 石之瑜、李梅玲：《「西方中心論」與崛起後的中國 —— 英美知識界如何評估中國模式》，《人民論壇・學術前沿》2013 年第 3 期。

3. 王鴻銘，楊光斌：《關於「中國模式」的爭論與研究》，《教學與研究》2018 年第 5 期。

4. [美] 弗朗西斯・福山：《中國模式 —— 高增長與雙刃的威權主義》，《讀賣新聞（日本）》2011 年 9 月 25 日。

5. 習近平：《在慶祝改革開放 40 周年大會上的講話》，《人民日報》2018 年 12 月 19 日。

6. 黃宗良：《從蘇聯模式到中國道路》，北京：北京大學出版社，2014 年。

7. 《孫中山全集》（第 1 卷），北京：中華書局，1981 年。

8. 《共產主義小組》，北京：中央黨史資料出版社，1987 年。

9. 《毛澤東文集》（第 7 卷），北京：人民出版社，1999 年。

10. 《毛澤東文集》（第 8 卷），北京：人民出版社，1999 年。

11. 《建國以來毛澤東文稿》（第 6 冊），北京：中央文獻出版社，1992 年。

12. 《鄧小平文選》（第 3 卷），北京：人民出版社，1993 年。

13. 中國共產黨中央文獻研究室編：《鄧小平思想年譜 (1975-1997)》，北京：中央文獻出版社，1998 年。

14. 江澤民：《在英國劍橋大學的演講》，《人民日報》1999 年 10 月 23 日。

15. 《江澤民思想年編 (1989-2008)》，北京：中央文獻出版社，2010 年。

16. 胡錦濤：《鞏固傳統友誼擴大互利合作 —— 在羅馬尼亞議會的演講》，《人民日報》2004 年 6 月 15 日。

17. 閆健：《文化傳統與歷史承繼——讀＜作為組織化皇權的中國共產黨：文化、再造與轉型＞》，《中國治理評論》，2012 年 4 月 30 日。

18. Zheng Yongnian, The Chinese Communist Party as Organizational Emperor: Culture, Reproduction and Transformation, London and New York: Routledge, 2010.

19. 習近平：《決勝全面建成小康社會　奪取新時代中國特色社會主義偉大勝利——在中國共產黨第十九次全國代表大會上的報告》，北京：人民出版社，2017 年。

20. Yongnian Zheng and Yanjie Huang, Market In State: The Political Economy of Domination in China, Cambridge and New York: Cambridge University Press, 2018.

21. 胡偉等著，《現代化的模式選擇：中國道路與經驗》，上海：上海人民出版社，2008 年。

22. 鄭永年：《從宏觀角度認識「中國模式」》，《中外企業文化》2010 年第 8 期。

23. 鄭永年：《大歷史大視野下的中國道路》，《人民論壇》，2012 年 12 月 15 日。

24. 中共中央黨校教務部編：《十一屆三中全會以來黨和國家重要文獻選編》，北京：中共中央黨校出版社，2008 年。

25. 《中共中央關於全面深化改革若干重大問題的決定》，北京：人民出版社，2013 年。

26. 《鄧小平文選》（第 2 卷），北京：人民出版社，1994 年。

27. （英）戴維・柯茨：《資本主義的模式》，耿修林、宗兆昌譯，南京：江蘇人民出版社，2001 年。

28. 成龍：《國外中國模式研究評析》，北京：人民出版社，2018 年。

29. 中共中央文獻研究室編：《習近平關於社會主文社會建設論述摘編》，北京：中央文獻出版社，2017 年。

30. 宋利芳、熊昆：《經濟全球化時代的後發優勢與發展中國家的對策》，《世界經濟研究》2003 年第 8 期。

31. 《馬克思恩格斯選集》（第 1 卷）北京：人民出版社，2012 年。

32. 梁啟超：《梁啟超文集》，北京：燕山出版社，2009 年。

33. 羅榮渠：《現代化新論 —— 中國的現代化之路》，上海：華東師範大學出版社，2013 年。

34. 陳旭麓：《近代中國的新陳代謝》，北京：生活‧讀書‧新知三聯書店，2017 年。

35. [美] 孔飛力：《中國現代國家的起源》，陳兼、陳之宏譯，北京：三聯書店，2013 年。

36. 鄭永年：《中國模式 —— 經驗與困局》，杭州：浙江人民出版社，2010 年。

37. 李澤厚：《啟蒙與舊亡的雙重變奏 —— 中國現代思想史論》，北京：東方出版社，1987 年。

38. 孟彥弘：《胡適對傳統文化的態度及其「全盤西化論」》，《東方早報》2016 年 10 月 10 日。

39. 毛澤東選集 (第 4 卷)，北京：人民出版社，1991 年。

40. 董正華主編：《世界現代化歷程 (東亞卷)》，南京：江蘇人民出版社，2015 年。

41. 薛鳳偉：《蘇聯集體農莊與中國人民公社之比較》，《聊城大學學報 (哲學社會科學版)》2002 年第 3 期。

42. 毛澤東選集 (第 4 卷) 北京：人民出版社，1991 年。

43. 許滌新、吳承明主編：《中國資本主義發展史》(第 3 卷)，北京：人民出版社，2003 年。

44. 程連升：《篳路藍縷 —— 計劃經濟在中國》，北京：中共黨史出版社，2016 年。

45. 孫立平：《後發外生型現代化模式剖析》，《中國社會科學》1991 年第 2 期。

46. 沈志華：《蘇聯專家在中國 (1948-1960)》(第 3 版)，北京：社會科學文獻出版社，2015 年。

47. 鄭永年：《馬克思主義在中國真的復興了嗎？》，《聯合早報》2018 年 7 月 10 日。

48. 鄭永年：《政治改革與國家建設》，《戰略與管理》2001 年第 2 期。

49. 吳忠民：《現代化意味着甚麼？》，《中共中央黨校（國家行政學院）學報》2019 年第 3 期。

50. 鄭永年：《中國政治經濟模式及其未來》，《聯合早報》2019 年 1 月 1 日。

51. 鄭永年：《美國為何要對華發動經濟戰？》，《聯合早報》2018 年 6 月 18 日。

52. 鄭永年：《中國的改革模式及其未來》，《復旦政治學評論》2011 年第 1 期。

53. 《就毛澤東的探索和鄧小平的業績：薄一波答中央文獻研究室問》，《黨的文獻》1995 年第 1 期。

54. 《十三大以來重要文獻選編》（上），北京：中央文獻出版社，2011 年。

55. 程恩富：《中國模式的經濟體制特徵和內涵》，《經濟學動態》2009 年第 12 期。

56. 斯蒂格里茨：《西方資本主義正經歷意識形態危機》，觀察者網，2011-08-01，https://www.guancha.cn/indexnews/2011_08_01_59097.shtml。

57. 王維峰：《諾獎經濟學家斯蒂格里茨：主導西方三十年的新自由主義已死》，觀察者網，2016-08-22, https://www.guancha.cn/economy/2016_08_22_372066.shtml。

58. 鄭永年：《中國社會改革應當扶植社會力量》，《聯合早報》2007 年 1 月 30 日。

59. 鄭永年：《中國必須進行一場社會改革的攻堅戰》，《聯合早報》2009 年 1 月 7 日。

60. 郭良平：《中國的社會現代化應該提上日程了》，《聯合早報》2018 年 11 月 23 日。

61. 《改革開放三十年重要文獻選編》（上），北京：人民出版社，2008 年。

62. 楊光斌、喬哲青：《論作為「中國模式」的民主集中制政體》，《政治學研究》2015 年第 6 期。

63. 龔文婧：《再論民主集中制的歷史與現實合法性 —— 從「古田會議」到「中國模式」建構》，《北京行政學院學報》2017 年第 4 期。

64. 《十四大以來重要文獻選編》（上），北京：人民出版社，1996 年。

65. 《十五大以來重要文獻選編》（上），北京：人民出版社，2000 年。

66. 《十六大以來重要文獻選編》（上），北京：中央文獻出版社，2005 年。

67. 《十七大以來重要文獻選編》（下），北京：中央文獻出版社，2013 年。

68. 鄭永年：《開放、競爭、參與實踐邏輯中的中國政治模式》，《中國報道》2011 年第 7 期。

69. 托馬斯·海貝勒：《關於中國模式若干問題的研究》，《當代世界與社會主義》2005 年第 5 期。

70. 潘維：《怎樣判斷中國政治模式的成敗》，《人民論壇》2011 年第 6 期。

71. 習近平：《完善和發展中國特色社會主義制度推進國家治理體系和治理能力現代化》，《人民日報》2014 年 2 月 18 日。

72. 《習近平關於科技創新重要論述摘編》，北京：中央文獻出版社，2016 年。

73. 鄭永年：《中國奇跡源於國家制度優勢》，《中國紀檢監察報》2019 年 10 月 21 日。

74. 鄭永年：《中國民主模式初步成形》，《人民日報海外版》，2014 年 6 月 9 日。

75. 鄭永年：《中國共產黨的「自我革命」—— 中共十九大與中國模式的現代性探索》，《全球化》2018 年 2 月。

76. 宋磊、朱天飈主編：《發展與戰略 —— 政府、企業和社會之間的互動》，北京：北京大學出版社，2013 年。

77. 吳春敏：《現代化變革的哲學審視》，北京市：中共中央黨校，2019 年。

78. 蔡明哲、陳秉璋、陳信木：《邁向現代化》，桂冠圖書股份有限公司，1993 年。

79. 李開林：《羅榮渠現代化思想研究》，黑龍江省：哈爾濱工業大學，2014 年。

80. 陳峰君：《論現代化發展模式》，《國際政治研究》2000 年第 2 期。

81. 王言虎、鄭永年：《「超級全球化」已無可能，疫後世界將進入「有限全球化」》，2020-06-18, https://mp.weixin.qq.com/s/QJniXOLeiIuwnJhQkALZsQ。

82. 中央黨校國際戰略研究所課題組：《國際金融危機下的英美發展模式》，《當代世界與社會主義》2011 年第 2 期。

83. 趙可金、倪世雄：《自由主義與美國的外交政策》，《復旦學報（社會科學版）》2006 年第 2 期。

84. 劉霞：《對盎格魯—撒克遜市場經濟模式的分析》，《品牌研究》，2018年第 3 期。

85. 《理解中美修昔底德陷阱：全球化的本質》，2020-04-12, https://mp.weixin.qq.com/s/IqkVATTlg3VF_W22ca0yaw。

86. 齊蘭、曹劍飛：《當今壟斷資本主義的新變化及其發展態勢》，《政治經濟學評論》，2014 年第 2 期。

87. 金衡山：《美國文化特徵與「軟實力」表現》，《四川大學學報（哲學社會科學版）》2020 年第 3 期。

88. 《新冠過後，中美「脫鈎」（上）：全球化本就是歷史的偶然》，2020-05-18, https://mp.weixin.qq.com/s/aZSnnKxlY9c08cWpCVicTg。

89. 黃宗良：《從蘇聯模式到中國特色社會主義》，《中共黨史研究》，2010年第 7 期。

90. 吳恩遠：《蘇聯模式評析》，《文化軟實力》2016 年第 3 期。

91. 王家驊：《儒學和日本的現代化》，《日本學刊》1989 年第 4 期。

92. 李俊久、田中景：《泡沫經濟前後日本宏觀經濟戰略的調整》，《現代日本經濟》2008 年第 3 期。

93. Clark, C., Tan, A.C. & Ho, K. 2018, *Confronting the Costs of its Past Success: Revisiting Taiwan's Post-authoritarian Political and Economic Development,* Asian Politics & Policy, vol. 10, no. 3, pp. 460-484.

94. Lauridsen, L.S. 2014, *Governance and Economic Transformation in Taiwan: The Role of Politics*, Development Policy Review, vol. 32, no. 4, pp. 427-448.

95. Kim, H. & Heo, U. 2017, *Comparative Analysis of Economic Development in South Korea and Taiwan: Lessons for Other Developing Countries*, Asian Perspective, vol. 41, no. 1, pp. 17-41.

96. Chang, K. 2012, *Economic development, democracy and citizenship politics in South Korea: the predicament of developmental citizenship*", Citizenship Studies, vol. 16, no. 1, pp. 29-47.

97. Shatkin, G. 2014, *Reinterpreting the Meaning of the "Singapore Model": State Capitalism and Urban Planning*, International journal of urban and regional research, vol. 38, no. 1, pp. 116-137.

98. Huff, W.G. 1995, *The developmental state, government and Singapore's economic development since 1960*, World Development, vol. 23, no. 8, pp. 1421-1438.

99. Ho, B.T.E. 2018, *Power and Populism: What the Singapore Model Means for the Chinese Dream*, The China quarterly (London), vol. 236, pp. 968-987.

100. 陳文鴻:《政府在香港發展中的角色與作用》,《南方經濟》2013 年第 1 期。

101. 林桂紅:《東南亞的市場經濟體制對中國的啟示》,《廣西教育學院學報》 2010 年第 6 期。

102. 許穎:《東南亞各國的經濟發展模式研究》,《商場現代化》2015 年第 21 期。

103. 徐敏:《當代東南亞國家政治民主化》,《甘肅聯合大學學報(社會科學版)》2007 年

104. 周丹:《泰國政治動盪的政黨制度原因分析》,湖南省:湖南師範大學, 2017 年。

105. 張宏明:《從政黨制度變遷看非洲國家的政治發展》,《人民論壇》2019 年第 1 期。

106. 姚桂梅:《加快經濟一體化推動非洲發展》,《當代世界》,2009 年第 12 期。

107. 謝紅燕、居佔傑:《發展中國家經濟發展模式研究》,《中國市場》2015 年第 38 期。

108. 董敏傑、梁泳梅:《「拉美模式」歷史根源和不平等的長期影響》,《改革》 2014 年第 10 期。

109. 李香菊:《拉美模式與中國、越南模式的比較》,《法制與社會》2013 年 第 20 期。

110. 陳湘源:《試析「拉美陷阱」的成因及啟示》,《當代世界》2017 年第 3 期。

111. 達巍：《告別「接觸」，美國對華戰略走向何方》，《世界知識》2020 年第 16 期。

112. 王緝思：《如何判斷美國對華政策的轉變》，《環球時報》2019 年 6 月 12 日。

113. 趙穗生：《對華強硬已是美國國內的基本共識》，2019-08-08，https://mp.weixin.qq.com/s/iV8zBuOCGlUOTMc4UkciDg。

114. Quint Forgey, *Surgeon General Warns This Week "Is Going to Be Our Pearl Harbor Moment"*, The Politico, April 5, 2020, available at: https://www.politico.com/news/2020/04/05/surgeon-general-pearl-harbor-moment-165729.

115. 錢伊玥：《中美貿易摩擦對我國經濟的影響及應對策略》，《企業改革與管理》2019 年第 1 期。

116. 宋國友：《中美貿易戰：動因、形式及影響因素》，《太平洋學報》2019 年第 6 期。

117. 國家統計局國際統計信息中心：《國際權威機構觀點綜述》，《全球化》2018 年第 10 期。

118. 熊曉梅：《中美貿易摩擦的發展態勢及對我國經濟的影響分析》，《現代商業》2020 年第 16 期。

119. 王麗薰：《中美貿易摩擦走向及其影響研析》，《全國流通經濟》2019 年第 33 期。

120. 吳心伯：《美國對華新遏制戰略的目標、實質和根源》，《南通大學學報（社會科學版）》2020 年第 2 期。

121. 鄭永年：《中國應對貿易戰的關鍵是理性》，《聯合早報》2019 年 6 月 18 日。

122. 宿景祥：《貿易協定繼續推進，中國成功平衡與美國關係？》，2020-09-04, http://cn.chinausfocus.com/foreign-policy/20200904/42024.html。

123. 鄭永年：《未來三十年：新時代的改革關鍵問題》，北京：中信出版社，2018 年。

124. 鄭永年：《中美不可能完全脫鈎》，IPP 評論，2020-07-10，https://www.sohu.com/a/406801516_550967。

125. 鄭永年：《疫後世界將進入「有限全球化」》，新浪財經，https: // baijiahao.baidu.com/s?id=1669800916015292149&wfr=spider&for=pc。 2020-06-08

126. 黃羣慧：《「雙循環」新發展格局未來我國經濟政策的重要目標和着力點》，《財經界》2020 年第 28 期。

127. 新華社：《專訪鄭永年：粵港澳大灣區建設利於促進中國經濟內外雙循環良性互動》，http: //m.xinhuanet.com/2020-07/13/c_1126231330.htm。 2020-07-13

128. 安禮偉、馬野青：《國際經濟秩序：中國的新需求與政策思路》，《經濟學家》2019 年第 1 期。

129. NYE J S. Will the liberal order survive? The history of an idea[J]. Foreign Affairs, 2017, 96(1): 10-16.

130. 張志敏、開鑫、李靜：《國際經濟秩序的發展、困境與中國方案 —— 兼論中美貿易摩擦和新冠肺炎疫情的影響》，《西部論壇》2020 年第 8 期。

131. Branko Milanovic, With the US and China, Two Types of Capitalism Are Competing With Each Other, Promarket.org, October 7, 2019. https: // promarket.org/with-the-us-and-china-two-types-of-capitalism-are-competing-with-each-other/

132. 國新辦就慶祝中華人民共和國成立 70 周年活動有關情況舉行新聞發佈會，中國網，2019-08-29，http: //www.china.com.cn/zhibo/content_75146983.htm.

133. 陳平：《新自由主義的警鐘：資本主義的空想與現實》，《紅旗文稿》 2014 年第 12 期。

134. 鄭永年：《中國崛起與歷史的新開端》，《聯合早報》2019 年 9 月 17 日。

135. 鄭永年：《契合中國文化的制度安排》，《人民日報》2016 年 4 月 22 日。

136. 鄭永年、陳超：《新時期的中國共產黨：挑戰與機遇》，《武漢大學學報（哲學社會科學版）》2013 年第 3 期。

137. 鄭永年：《國家與發展：探索中國政治經濟學模式》，《文化縱橫》2019 年第 1 期。

138. Yongnian Zheng and Yanjie Huang, Market In State: The Political Economy of Domination in China, Cambridge and New York: Cambridge University Press, 2018.

139. 張靜：《反應性理政》,《經濟社會體制比較》2010 年第 6 期。

140. 王輝耀：《中國模式的特點、挑戰及展望》,《中國市場》2010 年第 16 期。

141. 鄭永年：《疫後世界將進入「有限全球化」》,中國新聞網,2020-06-18, https: //baijiahao.baidu.com/s?id=1669800916015292149&wfr=spider& for=pc。

142. 鄭永年：《「超級全球化」與人道主義危機》,IPP 評論,2020-07-14。

143. 賈根良：《「以國內大循環為主」是中國經濟內在規律要求》,《長江日報》 2020 年 9 月 12 日。